康健春文集

（下·曲艺杂文卷）

康健春 著

上海大学出版社

图书在版编目(CIP)数据

康健春文集：全2册 / 康健春著. —上海：上海大学出版社，2019.11

ISBN 978-7-5671-3745-5

Ⅰ.①康… Ⅱ.①康… Ⅲ.①诗词-作品集-中国-当代②曲艺-作品综合集-中国-当代 Ⅳ.①I217.2

中国版本图书馆CIP数据核字(2019)第252825号

责任编辑 姜红莉
封面设计 缪炎栩
技术编辑 金 鑫 钱宇坤

康健春文集

康健春 著

上海大学出版社出版发行
(上海市上大路99号 邮政编码200444)
(http://www.shupress.cn 发行热线021-66135112)
出版人 戴骏豪

*

南京展望文化发展有限公司排版
上海华业装潢印刷厂有限公司印刷 各地新华书店经销
开本890mm×1240mm 1/32 印张26.25 插页4 字数611千
2019年11月第1版 2019年11月第1次印刷
ISBN 978-7-5671-3745-5/I·570 定价 98.00元(全2册)

目 录

相声类

快板类

快书类

评书类

说唱类

曲唱类

短剧类

其他

文章类

相声类

生命在于运动（相声）

甲：有句话你应该相信。

乙：什么话？

甲："生命在于运动"。

乙："生命在于运动"，这是真理，谁能不信？

甲：我大爷就不相信。

乙：你大爷？

甲：啊。（学老头儿）我就不信这个！生命在于运动，啥意思？

乙：大爷！生命在于运动，这话说白了，就是多运动，您活得好。

甲：噢，多运动就活得好？

乙：运动越多就活得越好。

甲：我们家门口儿那棵歪脖儿树八十多年没运动了，活得挺好。

乙：嗨，您说树干嘛呀？这儿说的运动当活动讲，多活动，身体好。

甲：多活动身体就好？

乙：那当然。

甲：我们家邻居老张头儿满嘴的牙都活动了，天天光喝稀粥，瘦得跟猴儿似的。

乙：牙活动呀！我说的是人，人多活动能长寿。

甲：人多活动就能长寿？

乙：对啦。

甲：美国打排球儿的那个大黑姑娘你知道吗？

乙：知道哇，海曼。

甲：你说她活动少了吗？二十来岁，说没就没了。

乙：我说你怎么尽抬杠呢？不管怎么说，人多活动，多开展体育锻炼，有益健康。

甲：别逗了！人活动多了会加快新陈代谢你知道吗？

乙：是呀，加快新陈代谢好哇！

甲：好啥呀！新陈代谢一加快，人就觉着饿得快；饿得快，吃得快，吃得快就饿得快，就觉着日子过得快；过得快，老得快，幸福生活就少得快呀！

乙：嗨！

甲：俗话说得好哇，好吃不如饺子，舒服不如倒着；饭后一根儿烟，赛过活神仙；醉卧桌底君莫笑，醒了之后自己回，你甭扶我！

乙：谁扶你呀！大爷，像您这样儿又抽又喝，又不锻炼，身体能好得了吗？

甲：算了吧！不要把问题说得太严重了！其实我并不是反对运动。

乙：哎，这就对喽。

甲：但你也不能说啥都是运动好哇。

乙：不，运动就是好！

甲：就是好吗？

乙：对！

甲：二十五年前，咱们国家闹过一次运动，见人就斗，你说好吗？

乙：不好。

甲：十五年前，咱中国唐山那个地方也闹过一次运动，你说好吗？

乙：更不好！你说这些干嘛呀？

甲：你不是喜欢运动吗？

乙：喜欢。

甲：赶明儿上你们家单独给你运动一回。

乙：那谁受得了哇！

甲：还是的。萝卜青菜各有所爱。人各有志，你不能强求哪！你喜欢运动，图个强强壮壮，我不喜欢运动，图个白白胖胖。你瞧我，多暄腾！

乙：暄腾？

甲：一摁一个坑儿！

乙：好么，都肿啦！大爷。

甲：咋啦？

乙：只怕您是年轻的时候不活动，老来落得浑身病啊！

甲：你拉倒吧！我今年都五十多岁了，您瞅瞅我这身板儿，不是跟你吹牛，我……哎呀妈呀！

乙：怎么啦？

甲：说着话儿天儿就黑了。

乙：哪儿黑了？这不是还出着太阳呢吗？

甲：我怎么瞅着哪儿都是星星呢？

乙：您这是晕啦！

甲：晕啦？

乙：您先靠这儿歇会儿吧。

甲：哎。我歇会儿。

乙：大爷，您老现在感觉怎么样？

甲：打小就听人说地球儿是转的，这会儿算觉出来啦！

乙：我说大爷，您老还是赶紧去趟医院吧。

甲：去医院做啥？

乙：给您检查检查。

甲：早查过了，根本没事儿。

乙：真的吗？

甲：我除去有点动脉硬化、关节炎、类风湿、高血压、胆结石、心律不齐、骨质增生、椎间盘突出、十二指肠溃疡，其他我是啥病没有哇！

乙：好么，这点儿病都快让他一人儿承包啦！大爷！

甲：咋啦？

乙：这都是您不相信生命在于运动的结果。

甲：唉！还说这些有啥用啊！不怨天不怨地，只怨我自己不信科学，不听劝告，到头来落得个未老先衰。罢了！与其抱病苟延残喘，给亲人和国家增加负担，我倒不如……

乙：您打算干嘛？

甲：你们家有红烧肉吗？

乙：您都这样儿了还惦着吃呀？

甲：弄它二十碗，把我撑死算了！

乙：哟，大爷，您可不能这么想！

甲：别拦我，孩子！就让我去吧。文天祥教导我们：人生自古谁无死，早晚都得那么着！

乙：这是文天祥说的吗？

甲：都什么时候了，还较这真儿！亲爱的……

乙：亲爱……叫谁呢？

甲：老伴儿！

乙：叫您老伴儿干嘛？

甲：我这就去了！

乙：（学大妈）就把我撇下了？

甲：我已经是个废人了，去了倒干净。

乙：我跟你一起去！

甲：但你还年轻，差半年不到四十九岁，去掉半年你整四十八岁。

乙：老头儿账头儿还挺好。

甲：我走了以后，你再成个新家，但你一定要找一个身强力壮爱好体育的伴侣。我已经跟老年婚姻介绍所打好招呼了，让他们给你介绍一位退了休的……

乙：什么呀？

甲：拳击冠军！

乙：嚯！

甲：啊，大海呀，我来了！

乙：不好，老爷子要跳海！

甲：你不是说生命在于运动吗？

乙：我说过。

甲：我就信你的。

乙：这会儿你怎么又信我的啦？

甲：要说这个胖人他就是缺点多呀，我跳下去之后，怎么往水里扎，就是不沉底儿。

乙：您的浮力太大了。

甲：我抱着救生圈呢！

乙：您还是不想走。

甲：等我上岸之后，活动活动胳臂腿儿，晃晃脑袋，捶捶前胸后背，嘿！浑身上下哪儿都觉着那么舒坦。

乙：歪打正着！

甲：打那以后，我还落下个毛病，每天不跳海我还觉着别扭呢！

乙：跳海还跳美啦。

甲：你不知道，我参加了老年游泳队儿，每天都要到海里边儿练习去。

乙：这么回事呀。

甲：以后我还学会了打太极拳，坚持户外长跑，跳老年迪斯科。不到一年，嘿！我的体重减轻了，肚子下去了，走道儿也利落了。你现在再看看我这脸色儿。

乙：不错。

甲：红扑扑的，像不像刚出满月的小孩儿？

乙：返老还童了。

甲：你说，就大爷这精神头儿，再赶上三五个亚运会奥运会什么的，会有问题吗？

乙：没问题。

甲：那太好了，你有熟人儿，提前给我报个名儿。

乙：那可不行！参加亚运会奥运会那是年轻人的事儿，您老这岁数过了点儿了。

甲：我化化装。

乙：那哪儿行啊！

甲：我改户口。

乙：户口能改吗？

甲：你看那么多首长都那儿坐着呢，走走后门儿给我特批一下儿不就完了？

乙：老爷子您就别对付了，人家那是专业性比赛，您老没有经验。

甲：小瞧人！不瞒你说，上个月我刚刚参加了市里举办的长寿杯老年游泳比赛。

乙：嗬！

甲：四百米混合泳啊！

乙：不知您老成绩怎么样？

甲：那你就甭问了！

乙：肯定好不了。

甲：头一个到达终点！

乙：这么说您是冠军？

甲：对这个我无所谓。

乙：老爷子还挺牛！

甲：咋叫牛哇？咱们参加比赛是本着“友谊第一，比赛第二”的精神不是？

乙：是呀。

甲：所以冠不冠军的并不重要。虽然我把游泳纪录给他破了，但是这个奖牌我还不要了呢！

乙：风格够高的。

甲：当然人家也不给。

乙：为什么？

甲：那天比赛太激动，枪没响我就跳下去了！

乙：嗨！

1991 年 9 月创作于北京

——中央电视台“综艺大观”第 33 期播出（刘伟、郑健表演）

一百年不变（相声）

甲：（方言）同志，跟你打听个人儿。

乙：请问您找谁？

甲：有个叫郑健的你认识不？

乙：您问巧了，我就是郑健。

甲：咋着？你就是小健子？

乙：没错儿，是我。

甲：哎呀，一晃长这么高咧，俺都不敢认咧。

乙：我更不敢认您，一上来就叫我名儿，您是谁呀？

甲：你看俺这个人儿，光顾了高兴，忘了做自我介绍咧。

乙：您是……？

甲：俺是你大爷！

乙：对了……没这么开玩笑的啊！

甲：俺可不是跟你开玩笑，俺真的是你大爷呀。

乙：这么说，您是从老家来的？

甲：刚下飞机。

乙：哟，您还坐飞机啦？

甲：坐飞机咋咧？咱有的是钱哪。噢，对咧，知道你大爷找你做啥来了吗？

乙：您找我有什么事儿？

甲：俺是给你送钱来咧。

乙：这不行！我哪能一见面儿就要您的钱呢。

甲：不是你要钱，是俺给你钱。

乙：这不一样吗？

甲：不一样，是俺想把钱搁到你这儿，让你替俺放着。

乙：多少钱？

甲：不多，十万。

乙：这么多钱您干嘛不自己放着？

甲：你大娘说咧，你们城里边儿安全，乡下不保险。

乙：乡下怎么不保险？

甲：谁知道眼下这政策啥时候改变哪？政策要是变咧，这钱是谁的还说不准咧！

乙：大爷，您老太多虑了。这政策怎么能说变就变呢？

甲：你是哪年出生的？

乙：六三年。

甲：太年轻咧！很多事情你是没经过呀！

乙：那是，我肯定没您老见的世面多。

甲：你大爷我活了大半辈子咧，为啥头一回到你们城里来呀？

乙：为什么？

甲：不就是忙着在外边儿见世面呢吗？

乙：我说怎么没见过您呢。

甲：你当然没见过，你还没出生，俺就遛羊去咧。

乙：噢，出国了。

甲：出国做啥？遛羊！

乙：到哪儿留洋？

甲：到青海遛羊去咧。

乙：您真逗！去青海那叫“留洋”啊？

甲：青海遛羊好哇！茫茫戈壁，一望无际，飞沙走石，无限美丽。俺是小棉袄一穿，鞭子一扛，一边儿撒尿，一边儿遛羊！

乙：放羊去啦！

甲：反正就那个意思吧。

乙：您怎么去了那个地方啦？

甲：俺犯罪咧。

乙：什么罪名儿？

甲：没名儿。他们说，你夜里睡觉老是咬牙放屁，肯定是对政策不满！

乙：这都哪跟哪儿呀？

甲：甭管哪跟哪儿吧，反正这个羊俺一遛就是三年！

乙：您老受委屈了！

甲：三年以后回到家乡，一进村儿，心里就闹了个冰凉。

乙：怎么了？

甲：屋子散了架儿，老母猪上了房，孩子找不着了，老婆当了新娘。

乙：老婆怎么当新娘了？

甲：改嫁咧。

乙：这么说您连住的地儿也没有了？

甲：安排咧，还是个单间儿。

乙：条件儿还可以呀。

甲：就是锁着门儿，不让出屋。

乙：关起来啦？

甲：光关起来还不算，脑门儿上还给俺刻了俩字儿。

乙：刻俩什么字儿？

甲：“坏蛋”。

乙：这不是糟践人吗！

甲：好在时间不长，政策变咧。

乙：怎么变的？

甲：俺们村儿实行了“三自一包”，俺有了自己的地咧。

乙：这回您能吃饱饭了。

甲：是呀。俺在自己的地里是种粮种菜，嫁接果树，栽桑养蚕，喂鸡喂兔儿。不久俺就上了报纸咧，说俺是劳动模范。

乙：勤劳致富，您本来就是好人，根本不是什么“坏蛋”。

甲：可“坏蛋”这俩字儿一时半会儿还弄不下去咧。

乙：那怎么办呢？

甲：有个人给我出了个主意，说在“坏蛋”俩字儿头里再加上俩字儿。

乙：加俩什么字儿？

甲：“不是”。

乙：这么一念呢？

甲：就“不是坏蛋”咧！

乙：这主意虽说不怎么样，可您老从此就不是坏蛋了，挺好。

甲：好啥呀！加的这俩字儿还没长清楚呢，政策又变咧。

乙：又怎么变的？

甲：不知道从哪儿跑来一帮子人，把俺的门给砸咧，屋给抄咧；粮给撒咧，被给烧咧；果给摘咧，树给薅咧；瓜给扭咧，瓢给掏咧！

乙：这都怎么回事儿呀？

甲：“文化大革命”来咧！他们说“三自一包”是刘少奇贩卖的资本主义黑货，于是就把刘少奇给打倒咧。

乙：对了，那时候我就有点儿记事儿了。

甲：一个红卫兵指着我脑门儿上那四个字儿："你敢说你自己'不是坏蛋'？"跑过来就在"不"字儿底下给我添了个走之儿。

乙：这么一念呢？

甲："还是坏蛋"哪！

乙：多损哪！

甲：唉！俺一看这日子没法过咧，于是一咬牙，就奔了湖北长沙咧。

乙：那是湖南长沙。

甲：俺先到的湖北，然后又去的长沙。

乙：嗨！您别给搁一块儿说呀！

甲：俺在长沙开了个小煎饼铺儿。这小煎饼铺儿刚刚开起来不久……

乙：怎么样？

甲：俺就赚咧。

乙：钱？

甲：帽子。

乙：皮的？

甲：纸的。（比划）这么老高，上面写着："彻底粉碎资本主义的小黑煎饼儿，再踏上一万只脚，让它永世不得翻个儿！"

乙：这都什么行为！

甲：俺一看长沙也待不了咧，于是一咬牙，就奔了江苏济南咧。

乙：这回我听清楚了，您先到的江苏，然后去的济南。

甲：你别给分开呀，回头大家伙儿都糊涂咧！

乙：谁糊涂呀！

甲：济南好哇，盛产棉花。大片大片的棉花地呀！俺们几个穷哥们儿一商量，得，就这儿干油机咧。

乙：多少人？

甲：十来个人儿。

乙：七八条枪。

甲：……你说的那是胡传魁！

乙：您不说干游击吗？

甲：是呀，榨棉花籽儿油的那个机器——油机！

乙：您这么说谁听得懂啊！哎，请问您老这生意这么样？

甲：生意是不错，可政策又变咧。

乙：啊？又怎么变的？

甲：上边儿派人来咧！

乙：干嘛呀？

甲：把俺的尾巴给割咧。

乙：对了，那时候叫“割资本主义尾巴”。

甲：俺一看这回真的是活不了咧，于是一咬牙……

乙：您还奔哪儿？

甲：就奔了油房旁边儿那口老井咧。

乙：哎哟大爷，您老可要往开处想啊！

甲：就在我跑到井口儿想跳还没跳这工夫儿，你猜咋着？

乙：怎么着？

甲：政策又变咧！

乙：又怎么变的？

甲：这回变得好哇，刮风咧！

乙：刮风有什么好哇？

甲：哎，可不是一般的风啊！这股风刮得是清爽爽、凉吟吟、甜丝丝、暖洋洋啊！俺听人说咧，这股风是一个叫“三中”一个叫“全会”的他们俩人儿给刮起来的！

乙：这是俩人儿么！“三中全会”是咱们党中央的一次会议。

甲：知道！俺是怕那么说大家伙儿听不明白。

乙：谁不明白呀！呃，大爷，三中全会以后，实行了联产承包责任制，您老都包了些什么呀？

甲：啥也不包，看看再说吧。

乙：看看？看谁呀？

甲：看咱们书记呀。

乙：为什么单看书记呢？

甲：书记了解上头的精神呀。就说俺们村儿的书记吧，他那精神都是打乡书记那儿来的。

乙：对了，乡书记的精神是打县书记那儿来的。

甲：是呀！县书记的精神是打省书记那儿来的！

乙：省书记那精神是打总书记那儿来的。

甲：总书记是谁呀？

乙：总书记是中央领导集体的核心呀！

甲：你说他错得了吗？

乙：绝对正确！

甲：还是的！你说俺不看书记的看谁的？看你的？你小子进党了吗？

乙：我还不够条件儿哪。

甲：大爷俺处处看书记的，包产到户头一年，你猜咋着？

乙：怎么着？

甲：俺就遛了一百多头绵羊。

乙：您怎么又遛羊啊？

甲：这些羊都是俺自己的呀。
乙：那第二年呢？
甲：俺卖了两千多斤余粮。
乙：第三年？
甲：俺挖了三十多口鱼塘。
乙：第四年？
甲：给你娶了四十多个大娘。
乙：多少？
甲：俺给你娶了一个四十多岁的大娘。
乙：吓我一跳！
甲：哪儿都好，就是单眼皮儿。
乙：您就别挑啦！
甲：唉，凑合事儿吧！
乙：那后来呢？
甲：后来俺就和你大娘去了趟南方。
乙：旅行结婚？
甲：不，南寻去咧。
乙：你南巡什么呀？
甲：到南方寻找先进经验，进一步开放搞活，咋咧？
乙：噢，把步子迈得更大一些。
甲：对咧。你看现在俺这小日子过的，那是一天比一天红火咧！
乙：是呀，一看就知道您老有钱。
甲：唉！缺钱的时候盼有钱，钱挣多了心里烦哪！
乙：钱多了您烦什么呀？
甲：小健子，这话可就咱爷俩说，你说会不会哪天早晨起来一开门儿，发现这政策突然又变回去咧？

乙：那哪儿会呢！

甲：真的不会？

乙：不会。

甲：地里的果树不会再被谁砍咧？

乙：不会。

甲：新盖的小楼儿不会被谁拆咧？

乙：不会。

甲：银行里存的钱不会被谁咪咧？

乙：不会。

甲：俺这脑门儿上不会再被谁刻字儿咧？

乙：您还没忘这茬儿呢？

甲：俺去世之前，你大娘不会再嫁人咧？

乙：大爷您就别胡琢磨了，您说的这些，将来不可能再发生了。

甲：你是知不道哇，前些年政策来回变，都把俺给变怕咧！

乙：大爷，这回您老就把心搁到肚子里吧。今后相当长一个时期，老百姓的日子肯定会天天变，越变越美好，但是党的富民政策肯定不会再改变啦！

甲：真的不变咧？

乙：不变啦。

甲：十年变不变？

乙：二十年也不变。

甲：三十年变不变？

乙：五十年、一百年也不会再变啦！

甲：一百年不变？

乙：一百年不变！

甲：这话是谁说的？

乙：邓小平！

甲：邓小平？

乙：对啦。

甲：认识。

乙：认识？

甲：二十多年前，俺们都是难兄难弟嘛！你大爷俺就信他的！

乙：这就对啦。

甲：你忙吧小健子，大爷俺这就回去咧。

乙：您怎么说走就走哇？

甲：这十万块钱俺得赶紧拿回去，你大娘还有急用咧。

乙：我大娘干什么用？

甲：拉双眼皮儿！

乙：都多大岁数了，还拉双眼皮儿？

甲：下一步工作需要啊，岁数咋咧？

乙：您打算让我大娘干什么工作？

甲：双眼皮儿拉好之后，头一个儿我就把她派出去。

乙：派哪儿去？

甲：派到俺们的合资企业，去当公关小姐。

乙：嗨！

1992年2月创作于北京

——获1993年首届中国相声节“金玫瑰奖”

中央电视台1994年元旦相声小品晚会播出（刘伟、郑健表演）

坐飞机（相声）

甲：跟您请教个问题。

乙：甭客气，什么问题？

甲：您说，飞机那么大个儿的东西，是怎么让人给弄上天的？

乙：什么叫“弄上天”啊？飞机上不是有发动机吗？发动机产生动力推动飞机，这飞机就上天了。

甲：跟您说话真长学问，敢情这飞机上天是因为有发动机？

乙：对啦。

甲：那北京吉普儿怎么上不去呢？

乙：这不废话吗？有汽车上天的吗？

甲：你没说明白呀！

乙：那应该怎么说？

甲：飞机上天不光是因为有发动机，还得有翅膀，有跑道，飞机得在跑道上加速，加到一定的程度才能离开地面升上天空。

乙：看起来您对飞机挺熟悉？

甲：太熟悉了，我非常喜欢坐飞机。

乙：为什么？

甲：因为飞机作为一种现代化的交通工具，可以起到延长生命的作用。

乙：没听说过！飞机还能延长生命？

甲：打个比方吧，您要是去新疆，坐火车得几天呀？

乙：怎么也得三四天时间。

甲：可您要是坐飞机，几个钟头就到了，节省多少时间？节省时间，不就等于延长生命吗？

乙：噢，这么个道理。

甲：所以说，我非常喜欢坐飞机。

乙：你都坐过什么样的飞机？

甲：那可太多了！什么直升飞机运输机、“图 154”大客机、“伊尔 18”“安 26”、国产“蜜蜂”和“运 7”、英国“鹞儿”和“麦道”、波音客机 707、737、747、757、767、日立牌儿的 777……

乙：录像机呀！

甲：坐过的太多，都叉到一块儿啦。

乙：反正不少就是了。

甲：头一次坐飞机，还出了不少笑话。

乙：出什么笑话？

甲：光飞机票就买了两张。

乙：干吗买两张啊？

甲：头一张作废了，没上去飞机，它先上去了，没等我。

乙：等你呀？我告诉你，坐飞机得提前一个小时到机场，办理登机手续。

甲：行了，我认倒霉！退票去吧。敢情这票钱还不全退给我。

乙：退票收退票费，这是民航的规定。

甲：算了，再买一张吧。嘿！卖票的找别扭，管我要证件。

乙：嗨，这怎么叫找别扭呢？买飞机票必须出示身份证件。

甲：头一次买票我给她看过了呀！

乙：人家认得你是谁呀？

甲：再说了，没赶上飞机也不能全怨我呀。

乙：不怨你怨谁呀？

甲：都是你们那机场的钟给闹的！其实我早就到机场了。

乙：我们机场的钟又怎么了？

甲：你们机场墙上挂着那么些钟，什么巴黎产的，东京产的，伦敦产的，纽约产的，一个钟走一样儿，你让我瞧哪个呀？

乙：什么都不懂！告诉你吧，那一个钟是一个地区的时间，跟产地没关系。

甲：一个钟是一地区的时间？

乙：是呀。

甲：我怎么瞅着不一样呢！

乙：这人！

甲：买票吧。又买了机票，进了机场。到了安检这儿，他们说什么也不让我过去。

乙：是呀，你没办手续能让你过去吗？

甲：谁没办手续？

乙：你呀。

甲：小孩都三岁了，没办手续这么多年我们两口子都非法同居来着？

乙：结婚手续呀？

甲：什么手续？

乙：登机手续呀！

甲：登……哪儿办去？

乙：那边儿。

甲：那么多人排队哪？

乙：排队！

甲：排了半天队把这登机手续办完了，二次到了安检这儿，又惹了一肚子气。

乙：又怎么了？

甲：他们要搜我身。

乙：什么叫搜身哪？为了乘客和飞机的安全，登机之前，必须进行安全检查。不然的话，危险品、爆炸品带上飞机怎么办？

甲：噢，防止危险品爆炸品带上飞机？

乙：对啦。

甲：我这手表又不是定时炸弹，干吗给我抹下去？

乙：过安全门儿的时候，金属物品不能带在身上，不然的话，警报就响了。

甲：我裤带都拿下去了，还是响啊！

乙：那说明你身上还有金属物品。

甲：都快光着了，还有金属物品哪？

乙：这就怪了。

甲：过了三回，我也想起来了。

乙：怎么啦？

甲：嘴里有两颗金牙！

乙：你说多耽误事儿吧！

甲：费了半天劲，过了安检，上了飞机，我这么一看，唉哟！比我想象的漂亮多了！

乙：是呀！

甲：尤其前边儿那沙发座儿，真漂亮！赶紧往头里去。座位真舒服！靠背是活动的，可以调整角度，一摁开关底下出来个脚垫儿，再一翻出来个桌子。嘿，好玩儿！

乙：好玩儿？告诉你，安这么个座位，得花一万多块美金！

甲：是吗？

乙：那可不！

甲：我这儿正美着呢，一位空中小姐过来了。哎哟！这小姐长得这个漂亮啊！

乙：告诉你，咱们这空中小姐都是经过严格的考试和培训之后录用的，所以不管是形象气质还是服务，都是一流的。

甲：唉！

乙：怎么啦，唉声叹气的？

甲：结婚结早了！

乙：你就别惋惜啦！

甲：小姐告诉我："先生，请您出示一下您的登机牌儿好吗？"

乙：拿出来吧！

甲：小姐看看说："对不起先生，您的座位是经济舱的座位儿，可您坐的是头等舱的座位儿。"

乙：坐错了。

甲：什么经济舱头等舱？革命工作只有分工不同，没有高低贵贱之分！

乙：什么乱七八糟的！

甲：谁抢头里算谁的！

乙：哪儿的事儿啊！

甲：小姐说："对不起先生，这经济舱的座位儿和头等舱的座位儿价钱是不一样的。您如果喜欢坐头等舱，等下次好吗？"

乙：人家多耐心啊。

甲："您的座位儿在第九排，就是右侧靠通道的那个。"

乙：过去吧！

甲：呃，她怎么知道的？

乙：登机牌上写着呢。

甲：我怎么没注意？

乙：你不只顾抢坐哪吗？

甲：跟着小姐来到座位这儿，我刚坐好，小姐二话没说，“咔嚓”一声就给我铐上了！

乙：铐上了？

甲：啊。这边儿一根带子，那边儿一根带子，中间一扣儿，“咔嚓”！

乙：什么呀！人家那是给你系安全带呢！

甲：这么说还是为我好？

乙：多明白呀！

甲：嘿！我刚坐好，喇叭里就传来了小姐优美的声音：“各位乘客，你们好！欢迎您乘坐中国国际航空公司的班机。本次航班是由北京飞往上海的。飞机马上就要起飞了，请大家系好安全带。”

乙：好，飞机要起飞了。

甲：“您的座位下边有一个救生衣；座位上方有一个红色键，是呼叫键。如果您有急事，请摁呼叫键，我们会随时为您服务。”

乙：好！

甲：一摁她就来？

乙：是呀。

甲：那我摁一下儿。

乙：没事儿你摁它干嘛呀？

甲：试试。

乙：好么！

甲：摁一下儿。小姐马上来到我身边："对不起先生，请问您有什么事吗？"

乙：说吧。

甲：试试。

乙：试试呀！

甲：看看好使不好使，回头真有事儿要是你不过来呢？敢情这玩意儿这么灵，一摁她就过来？

乙：对啦。

甲：回头我多摁几次，让她多过来几次。

乙：干嘛呀？

甲：就为了看看她。

乙：我说你贫不贫哪！

甲：呃，救生衣在哪儿呢？

乙：干嘛呀？

甲：拿出来穿上啊。

乙：穿它干嘛呀？

甲：玩玩儿怕什么的？

乙：又玩儿呀？

甲：从座位底下把救生衣拿出来，穿好了，一拽放气阀儿，只听得"噗"一声，充上气儿了。

乙：嘿！

甲：旁边坐一小姐，一看我这样儿，她不理解，问我：（外国人说中国话）"先生，您这是准备空投吗？"

乙：看你怎么说！

甲：这叫防患于未然，你管不着！

乙：什么事儿啊！

甲：“我不是那个意思。自我介绍一下，我是日本人，名字叫平胡筒子。”

乙：平胡筒子？

甲：跟我二大爷的名字差不多。

乙：你二大爷叫……

甲：门清坎三条！

乙：打麻将啊！

甲：“我看你穿上这个衣服很好玩儿，你很有意思，我很喜欢，我想跟你交个朋友。”

乙：噢，要和你交朋友。

甲：少来这一套，不行！我们夫妻感情很好，少往中间儿插你那洋腿！

乙：想哪儿去了你！

甲：我们俩人儿正聊着呢，空姐儿推着车送饭来了。“先生，请问您用点儿什么？”

乙：用什么呀？

甲：什么也不用！

乙：不吃？

甲：不吃！

乙：怕花钱？

甲：您想啊，飞机装饰这么豪华，服务水准这么高，在这儿吃顿饭还不狠狠地宰我一回！

乙：怕花钱不是！

甲：这时候，旁边洋妞儿搭茬儿啦：“先生，看起来您是第一次坐飞机？”

乙：是呀。

甲："飞机上用餐是免费的。"

乙：对喽，不要钱。

甲：不要钱？

乙：可不是嘛！

甲：您给来五盒儿！

乙：我说你吃得了吗？

甲：吃不了兜着走！

乙：什么人头儿这是！

甲：打开盒儿一看，嗬！色香味儿俱全，吃着也好吃。敢情这不花钱的东西吃着就是香！真不要钱是吧？

乙：这还有假？

甲：那什么，小姐，您这儿有 XO 吗？

乙：你穷疯啦？

甲：您给我来半杯就行。

乙：嘿，好嘛！

甲：呃，小姐，厕所在哪儿？

乙：我说你少吃点好不好？

甲：有点儿闹得慌。"厕所前边儿后边儿都有，我带您去吧。"

乙：多热情啊。

甲：就人家飞机上这厕所，比你们家厨房都干净！

乙：有这么比的么！

甲：不光是干净，味儿也好哇，就跟那咖啡广告里说的一样，真是味道好极啦！

乙：怎么好也是厕所呀！

甲：反正比外边安静多了，多待会儿，来根烟儿抽。

乙：飞机上不能抽烟！

甲：在里边儿抽没人瞧得见。

乙：那也不行啊！再者说了，人家外边儿也有要方便的。

甲：抽完这根烟儿打开厕所门这么一看，门口儿排着二十多位，全这模样儿！（捂肚子）

乙：那都是等着上厕所的。

甲：早知道这样儿我再多待会儿！

乙：我说你损不损哪！

甲：回到座位上，身边的洋妞儿还一个劲儿地夸我。

乙：夸你？

甲："先生，我以前在日本的时候，听人说中国民航的服务质量不高。今天我一看不是那么回事儿。无论是在地面还是在天空，服务都是第一流儿的！就是个别乘客的表现不好。"

乙：怎么啦？

甲："就你刚才那种行为，我用一句刚刚学会的中国话来形容，你缺大德啦！你缺德带冒烟啦！"

乙：人家说得太准确了！

甲：少废话，不用你管！

乙：急了！

甲：我们俩正矫情呢，喇叭里又传来空中小姐优美的声音。

乙：又说什么？

甲："各位乘客，飞机现在正在下降。再过十分钟，我们的飞机就会降落在上海虹桥国际机场。请大家系好安全带，下飞机的时候，请不要忘记您随身携带的行李物品。感谢您一路上对我们工作的支持，欢迎您下次乘坐中国国际航空公司的班机，咱们下次旅行再见！"

乙：飞机到站啦。

甲：到站啦。打开行李箱，把行李拿出来，回头儿冲那洋妞儿来了个飞吻："拜拜吧您哪！"

乙：要走！

甲：这洋妞儿非常依依不舍地跟我说了一句话。

乙：什么话？

甲："不要再见！"

乙：还挺留恋你的。

甲："我再也不想见到你啦！"

乙：嗨！

甲：我提着行李来到机舱门口儿，空姐儿说什么也不让我下去。

乙：为什么？

甲："你要下去也行，得先把救生衣给我们脱下来！"

乙：还穿着哪！

1992年6月创作于北京

——北京电视台《拥抱蓝天》晚会播出（王平、金炳昶表演）

看电影（相声）

乙：这个节目是相声……

甲：（醉态）……滑头！

乙：（瞥甲一眼，继续）相声讲究说学逗唱……

甲：（打断甲）瞎……瞎嘚啵啥呀？滑……头！

乙：说谁呢？

甲：其实，你……小子有量，就是不喝。滑……头，虚！

乙：谁虚呀？

甲：你……虚！

乙：我虚？

甲：虚！

乙：我怎么虚啦？

甲：不……虚？不虚你怎么俩……脑袋？

乙：好嘛！我说，您这是在哪儿喝成这样儿？

甲：你，管、管得着吗？

乙：肯定喝了不少。

甲：不多，就……两瓶儿。

乙：啤酒？

甲：人头……

乙：啊？

甲：（打嗝儿）……马！

乙：两瓶儿人头马！那，得多少钱哪！

甲：你管多少钱干吗？开……票儿。

乙：开发票？

甲：开发票。

乙：怎么写呀？

甲：看电影儿。

乙：看什么电影？

甲：好电影儿，《生死抉择》。

乙：这电影是好，老百姓最爱看啦。

甲：知道老百姓为什么爱看吗？

乙：痛恨腐败！

甲：所以，这么好的电影儿，花点钱看一看还是值得的么。

乙：那也花不了那么多钱呀！

甲：人多呀，整套班子全……去啦！

乙：班子？看来您还是位领导？

甲：怎么，你不认识我？

乙：不认识。

甲：那我今儿就让你认识认识！（摸兜儿）

乙：掏枪啊？

甲：……我名片儿哪儿去啦？

乙：甭名片儿了，告诉我您是什么领导就行了。

甲：书……记。

乙：哪儿的书记？

甲：市里。

乙：哪个市？

甲：糊弄市（事）。

乙：我怎么没听说过有这么个市呢？

甲：刚成立的。

乙：请问您怎么称呼？

甲：有一个叫成克杰的你知道不？

乙：知道。

甲：那……不是我。

乙：不是你你说他干吗呀？

甲：有一个叫胡长清的你知道不？

乙：知道。

甲：也不是我！

乙：你这不废话吗！

甲：还有一个叫马向东的你知道吗？

乙：刚枪毙的。

甲：那也不是我！

乙：多新鲜哪，是你你就站不到这儿来啦！

甲：那是。哎，你……站这儿干吗？

乙：参加春节晚会呀。

甲：没劲，你参加那玩意儿干……吗？跟我走，我请你。

乙：请我干吗呀？

甲：看电影，《生死抉择》。

乙：几点的？

甲：下午，五点。

乙：（看表）那就赶紧走吧。

甲：不着急，有车。

乙：这点儿，正是下班高峰，不好走。

甲：没事儿，我那车好，奔驰。

乙：那你也不能飞过去呀！

甲：我们有警车开……道儿。

乙：啊？看电影儿还警车开道儿？

甲：这不是一般的电影儿，这是《生死抉择》！

乙：那也不行，马路上那么多人。

甲：那我就不管喽，反腐败是头……等大事，都得给我让道儿。

乙：你觉着这么干合适吗？

甲：反腐败么，就得造出点儿声势。再说了，看完电影我们还得赶……紧开会呢。

乙：什么会？

甲：叶总会。

乙：夜总会?!

甲：不，到叶总那儿开会，讨论《生死抉择》。

乙：这叶总是谁呀？

甲：叶总？咱哥们儿，“夜来香”娱乐城的老总。

乙：一听这人就不怎么样。

甲：你可别这么说，那人绝对够意思。我们家闺女十岁大寿，那是人家帮忙给办的。

乙：噢。

甲：我们家那小楼儿，那是人家帮忙给装的。

乙：嘿！

甲：我们家二胎那老小子，那是人家帮忙给怀的……

乙：啊?!

甲：是人家找人帮忙把“环儿”给摘了，我老婆才怀的！

乙：吓我一跳！

甲：你说，这会不上叶总那儿开去上哪儿开？

乙：叶总在哪儿呀？

甲：郊区，山里。

乙：多远哪。

甲：拉上警报，一会儿就到。

乙：你这不是扰民吗？

甲：扰谁呀，道上没……人儿。

乙：都躲着你们哪。

甲：也有没躲开的，让我们给挤河里去了。

乙：噢，报上登的那事儿是你们干的呀！

甲：你是说那个十三岁的女孩儿？

乙：是呀。

甲：我们不……是一码事儿，孩子掉河里我们能不救吗？那是祖国的花朵，我们不救，那还叫人么？！

乙：你们挤下去的这是……

甲：老……头儿。

乙：老头儿也得救呀！

甲：老头儿，那么大岁数，就是捞上来还能活……几年？

乙：你缺德不缺德呀？！

甲：再说了，咱不是没工夫么。

乙：你们忙什么哪？

甲：讨论《生死抉择》！

乙：纯粹是走过场！

甲：走……过场？敢！小杯子都收喽，每人先打一……"通关"！

乙：又喝上啦！

甲：你咬、咬什么牙呀？又没让你掏钱。再说了，也没几个菜。

乙：几个菜？

甲：就四个小菜儿。

乙：都什么呀？

甲：燕窝、熊掌、龙虾、鱼翅。

乙：这还小菜儿哪！

甲：我不让他们点鱼翅，他们非要点，你说那玩意儿有什么吃头？跟粉条儿似的。

乙：这么好的菜得花多少钱哪？

甲：没事儿，开……票儿。

乙：发票上写什么呀？

甲：看电影——《生死抉择》。

乙：啊?！这也写看电影呀?！

甲：看完电影以后吃的么！

乙：你也不怕撑着。

甲：撑……不着，吃完了活动活动。

乙：怎么活动？

甲：卡拉……OK。

乙：还要唱歌儿。

甲：我先点一首。

乙：什么歌儿？

甲：《红灯区干部好作风》。

乙：嗨！那叫《红区干部好作风》，没有"灯儿"。

甲：没灯儿？没灯儿那我就不唱了。要不，你来一首？

乙：我不行，我就会一《公仆赞》。

甲：别，别老宣传我一人儿。

乙：这是宣传你的吗？这是歌唱孔繁森同志的。

甲：我知道，不就打乒乓球儿的那小伙儿吗？

乙：嗨！那是孔令辉！

甲：啥……时候改的？

乙：没改！压根儿就不是一人儿！

甲：喊什么呀？有、有毛病啊？

乙：我看你才有毛病呢！

甲：有毛病给你蒸一蒸。

乙：我是那馒头呀？！

甲：馒头干吗呀，桑拿！

乙：好嘛，一条龙！

甲：叫几个小姐过来！

乙：还要小姐？

甲：开……票儿。

乙：这个怎么开呀？

甲：看电影——《生死抉择》。

乙：我告诉你，没地儿找小姐啦。

甲：怎么啦？

乙：全封啦！

甲：那就没劲啦。

乙：要不你跟我走一趟？

甲：你那儿有什么好玩儿的？

乙：反正你没玩儿过。

甲：新鲜就好。哎，你们那条件儿怎么样？

乙：这么跟你说吧，就您这级别的，都是单间儿。

甲：那太好啦！

乙：外边儿还有武警站岗。

甲：就别麻烦同志们啦。

乙：不麻烦，给您开个票儿就齐了。

甲：叫他写：看电影——《生死抉择》。

乙：行。您签个字吧。

甲：签字儿……干吗？

乙：给您发礼品哪。

甲：什么礼品？

乙：您瞧！（亮出手铐）

甲：你……是干什么的？

乙：检察院的！

甲：啊？！

（与全维润合作）

2001年12月22日创作于北京

大与小（相声小段儿）

甲：我们“神州大舞台”栏目，有个与众不同的特点。

乙：什么特点？

甲：参赛的都是一个一个的家庭。

乙：对。一般都是两个大人带一个小孩。

甲：不错。

丙：错了！

甲：怎么错了？

丙：什么叫“两个大人带一个小孩呀？”

甲：那要依着你呢？

乙：该怎么说呀？

丙：应该叫“一个小孩后边儿跟着两个大人”！

乙：这不一样么！

丙：不一样！照你们刚才说的“两个大人带一个小孩”，言语之中明显带有歧视少年儿童的大人主义色彩！

甲：嘿！小小年纪，倒挺会扣大帽子啊！

乙：就是！

丙：年纪小怎么了？小有小的优势！

甲：是吗？

乙：（对甲）行了，小孩子说话没谱儿，别跟她较真儿。

丙：谁说话没谱儿呀？我问问你们，你们俩到底是喜欢大，还是喜欢小哇？

甲：当然喜欢“大”了。比如我和你妈，在你面前，我们就是大人。

乙：哎，在家里我们的地位就高，就可以大着声儿说话。

丙：噢，在我面前你们是大人？

甲：对呀！

丙：大人的地位就高，就可以大着声儿说话？

乙：没错儿。

丙：有一次我把茶壶弄掉地下了，你们怎么称呼我“小姑奶奶”呢？

甲：啊？那是称呼你吗！

乙：反正不管怎么说，大，总比小好。

丙：不见得。

乙：形容宏伟壮丽的事物，赞美巍峨挺拔的形象，一般都用“大”字儿。

丙：我觉着，只要有我们这“小”字在，你们那“大”字就不怎么地！

甲：那咱们可要比试比试。

丙：您来！

甲：我说我是大海。大，无边无际！

丙：我是小溪。

甲：你比我差远啦！

丙：是小溪的涓涓细流汇成了您的海洋。

甲：嘿！她倒有说的！

乙：你听这个，说我是一棵大树。

丙：我是您枝头的小芽儿。

乙：你可是我身上发出来的！

丙：我要不出来您成劈柴啦！

乙：她怎么琢磨的！

甲：我说我是一座大山！

丙：我是一棵小草儿。

甲：我大山直插云霄！

丙：我小草儿高瞻远瞩。

甲：你在哪儿呢就高瞻远瞩？

丙：我在您山头儿上哪，没有我您成秃子啦！

乙：说我参军来到了部队，决心当一名伟大的战士！

丙：我没有您那么大的抱负，我将来长大了当兵，就到您那个部队当一个小小的干部。

乙：再小也是我首长呀！

丙：立正！向右看齐！

乙：这就来啦！

丙：队列里不许说话！

乙：是！

甲：（对乙）你傻呀？我就不当战士，我报考军校，决心当一名光荣的军校大学生。

丙：到时候别忘了告诉我您在哪个学校。

甲：干嘛？

丙：我争取调到您那个学校当一个小小的教授儿！

甲：嗬！再小也是我老师呀！

丙：不要鞠躬！

甲：谁给你鞠躬啦？！

乙：我开着大卡车，跟随大部队，去参加一次很大的战役。

丙：什么战役？

乙：围歼犯罪团伙儿。

丙：密切注意敌人的动向，有情况随时向我报告！

乙：是！哎，你是干什么的？

丙：我正坐在小汽车儿里指挥着你们的那次很大的战役。

甲：嘿！我们粉碎了犯罪分子的大规模反扑，打了个漂亮的大胜仗！上级给我记了大功；我戴着大红花去参加庆功大会，走上了宽大的主席台……

丙：您说的这些，都是我们在小会议室里研究决定的！

甲、乙：嗨！

2007 年 6 月创作于北京

首长和同志们（相声）

甲：（山东方言）尊敬的各位首长，同志们，（乙很自然地加入）大家好！

甲：（不满地看乙一眼，继续）值此全国人民欢度新春佳节之际，请允许我向在座的首长和同志们致以最亲切的问候！祝大家新春愉快！身体健康！（乙又很自然地加入）阖家欢乐！万事如意！

甲：（狠狠地瞪乙一眼，继续）爆竹一声辞旧岁（乙又加入）总把新桃换旧符……

甲：（一把推开乙）去！捣什么乱哪！

乙：我怎么捣乱了？

甲：我讲话你干嘛老是往里掺和呀？

乙：这个节目不是咱俩的吗？

甲：谁俩的呀？你没看我干嘛呢吗？

乙：说相声啊！

甲：谁跟你说相声？这是相声词儿吗？（继续念）爆竹一声辞旧岁，抗冰勇士凯歌还，全国军民齐奋战，共和国不会忘记……这是相声词儿呀?!

乙：对不起……

甲：首长和同志们……

乙：（打断甲）我明白了，刚才你这是在念大会发言稿呢。

甲：明白了？

乙：刚刚听出来。哎，请问您要参加一个什么大会呀？

甲：（自豪地）当然是表彰大会了！

乙：那您一定做出了非常可喜的成绩！

甲：跟首长和同志们相比，我做得还远远不够！

乙：像您这样的好兵，将来一定会很有出息。

甲：你挖苦俺。

乙：这怎么叫挖苦你呢？

甲：你可能早就知道俺这个兵不怎么样，才故意这么说的。

乙：这不挺好的吗？都参加表彰大会了。

甲：那是现在。其实原来吧，俺真的不怎么样。甭说别的，首先这个兵，俺压根儿就不愿意当。

乙：怎么呢？

甲：在家练外语多好。

乙：噢，你还会外语？

甲：两门儿。

乙：两门儿外语？

甲：（不屑地）小语种。

乙：什么语？

甲：鹅语，鹦语。

乙：这是小语种吗！外语学得好好的，那您怎么又当兵了呢？

甲：俺爹反对啊。说俺学的那外语不正宗，一顿铁砂掌，就把俺扇到部队来了。

乙：怎么不正宗了？

甲：说俺发音有问题。

乙：你俄语怎么说的？

甲：鹅语？（学鹅的叫声）

乙：鸡鸭鹅的鹅语呀！

甲：我们家养鹅专业户，没事儿学着玩儿呗。

乙：那英语呢？

甲：（学鹦鹉说话）“有人来了！”“你好！”“你真漂亮！”“拜拜”……

乙：鹦鹉哇！

甲：鹦语。两门儿。

乙：行了！这是得挨揍！那当兵之后呢？

甲：别提了，首长和同志们处处找你别扭。

乙：怎么会呢？

甲：怎么不会？就俺们那部队，规矩忒多咧！又是立正站得不直咧，又是看齐摆头太迟咧，又是报数声音太小咧，又是跑步放拳太早咧，又是被子叠得不平咧，又是裤子前后穿拧咧……

乙：这怎么能叫找别扭呢？军事训练，作风养成必须要严肃认真，一丝不苟。

甲：不光这些，连唱歌儿都找你别扭。

乙：那肯定是你唱得不对。

甲：那次全中队集合唱《说句心里话》，指导员就单找俺的别扭，硬说俺唱的跟大伙儿不一样。

乙：你怎么唱的？

甲：（唱）“说句心里话，俺不想家，家中的老爸爸，时刻叫俺害怕……”

乙：好嘛，他把歌词都给人家改了！

甲：唱歌么，就是要唱真情实感是不？俺娘早就不在咧，想家，俺想谁去？

乙：不是还有你爹呢么？

甲：俺爹尽跟俺比划铁砂掌，俺想他去？脑袋痒痒咧？

乙：那也不能这么唱啊！

甲：不光这些，还有让人别扭的事儿呢！

乙：什么事儿？

甲：想乐的时候不让你乐，不想乐的时候偏让你乐。

乙：你说具体点儿。

甲：比如说走队列的时候，有人两条胳膊一起朝前，你见过吧？

乙：那叫顺拐。

甲：多有意思，可就是不让你乐！

乙：人家走错了你乐什么呀！呃，那什么不可乐偏让你乐呢？

甲：看节目。比如听你们文工团说相声，一点也不可乐。可我们首长偏让我们乐，而且还得一边儿乐一边儿使劲儿鼓掌。什么事儿呀！

乙：嗨！

甲：其实呀，这些都不算什么，最让人受不了的是不让喝酒！

乙：这是部队的规定，军人一般情况不允许喝酒。

甲：一般情况不行，特殊情况行不？

乙：什么特殊情况？

甲：比方说，心情不好。

乙：那也不行。

甲：有人不行，没人行不？

乙：偷着喝呀？

甲：你嚷嚷什么呀？（喝酒状）

乙：这样可不好！哪像个军人啊？

甲：哎呀，这不在首长和同志们的帮助下慢慢成长呢么！你急什么呀？

乙：您这还不醉了哇？

甲：（醉态）他们都说俺醉了，其实俺什么都明，明白。

乙：是吗？

甲：你看，那边儿过来一人儿，他们蒙俺，说是指……导员。

乙：谁蒙你呀，那就是指导员。

甲：你怎么知道？

乙：军衔儿在那儿呢，一杠儿仨星儿，上尉。

甲：上尉？上尉怎么咧？你要是再给俺来半瓶儿……

乙：怎么样？

甲：俺就能觉出来俺是上将你信不？

乙：啊?!

甲：秘书哪去咧？

乙：去！什么呀你就找秘书！

甲：哎呀，就这半瓶儿酒闹的，一气儿睡了半宿。醒来一看，指导员正在俺床前坐着呢。

乙：等着挨批吧！

甲：这你可说错咧。指导员不但没批评俺，还跟俺道歉呢。

乙：跟你道什么歉呀？

甲：（握乙手）"这几天尽瞎忙了，没能及时找你聊聊，让你喝了这么多酒。是我没把工作做好啊。"

乙：瞧，醉成这样儿。

甲："这几天你情绪不好，是心里有事儿啊！"

乙：什么事儿？

甲："家里来信，说你爹病了，住进了医院。这个我知道。可还有一件事儿你没有说出来。”

乙：还有什么？

甲：“你谈了个对象，姑娘很漂亮。可最近你们俩的关系几乎到了崩溃的边缘。”

乙：人家指导员工作多细呀。

甲：可指导员愣说这事儿怨俺，说俺给人家姑娘送豆儿送坏咧！

乙：红豆儿？

甲：你怎么知道？

乙：南国红豆嘛，相思之物。给心爱的姑娘送上两颗，虽隔千万里，彼此常相思。好哇！

甲：要是红豆儿当然好了，一颗代表俺的心，一颗代表她的心。

乙：那您送的是……？

甲：绿豆儿。

乙：绿豆儿？！

甲：你瞪什么眼啊！俺跟她说得很清楚：这两颗绿豆儿好比俺的两只眼睛，想俺的时候，你就拿出来瞅瞅。

乙：我听这话怎么这么别扭呢！

甲：那傻丫头听不懂啊，说没事儿你让俺瞅绿豆儿，什么东西才瞅绿豆哇？你瞧这个费劲！

乙：您是够费劲的！这事儿指导员是怎么知道的？

甲：休假知道的。指导员休假没回他们家，上俺们家看俺爹去了，顺便了解到了这些情况。

乙：工作真是做到家了。

甲：指导员说：“要论谈恋爱，我可比你有经验。我这儿有几份情书底稿儿，是我和你嫂子谈恋爱的时候写的，虽然过时了点儿，也许还有可供参考的地方儿。你拿去瞅瞅。”当时俺一听，直想乐！

乙：怎么呢？

甲：指导员谈了六个对象吹了五个，居然还给俺介绍经验！多可乐！

乙：别乐了！这不都是为你好么！

甲：指导员说："你违反规定私自喝酒，这事儿全队点名我还要批评你，你也必须在军人大会上作检查！不过，这个酒要是挪到今天喝，说不定我还要陪你两杯。"

乙：为什么？

甲："今天是什么日子？忘了吧？今天是你的生日呀！"指导员说到这儿，通信员一手端着龙须面，一手拎着生日蛋糕就进来了。接着全班同志一起涌了过来，围着俺就唱上咧："祝你生日快乐！祝你生日快乐……"

乙：太动人了！

甲：当时，俺是一边接受首长和同志们的祝福，一边流泪。接过指导员递过来的蛋糕，俺又放下咧。

乙：怎么不吃呀？

甲：俺太激动咧，吃不下去呀！自打俺娘去世，俺几乎把生日都给忘咧。可是首长和同志们……让俺说什么呢？

乙：什么也别说了！

甲：说句心里话，一开始，俺对部队并没有多少感情。觉得部队苦、累，缺少温柔，缺少浪漫。现在俺才明白：俺们部队就像是一只不锈钢的暖水瓶，外边看冷冷的，可里边儿热乎着呢！也许俺比喻得不太恰当，俺想，如果把俺们部队比作一辆汽车，党组织就是发动机；如果把战士们比作灯泡儿，党员就是插座儿；如果把俺们全部队的同志比作暖水瓶里的热水，俺认为俺们的各级首长就是……

乙：什么呀?

甲：……烧锅炉的！

乙：比喻得太好了！

甲：特别是今年春节前后，俺经历了一系列发生在俺身边的事情，对俺的思想触动就更大咧。

乙：春节前后怎么了?

甲：春节前后发生在中国南方的那场冰雪灾害你知道不?

乙：这谁不知道啊！

甲：抗灾抢险，俺们部队都参加了！让你想不到的是俺们部队上得那叫一个快，到得那叫一个齐，干得那叫一个猛啊！

乙：您辛苦了！

甲：俺辛苦什么呀！你看看首长和同志们！俺们总队首长，为了维护火车站的秩序，那么大岁数被人潮挤来撞去，六个首长只穿了八只鞋子，仍然站在冰雪中指挥部队啊！

乙：首长们辛苦了！

甲：你再看看俺们支队的首长，为了带领部队开通封闭的高速公路，几天几夜不下火线，困了就站着睡觉啊！可他们还相互开玩笑呢，说“站着睡觉好处多，不用老婆暖被窝”！

乙：领导们辛苦了！

甲：你再看看俺们中队的首长，俺们指导员连续战斗五十多个小时，累倒在冰雪中；俺们中队长为了给司机带路，自己掉进冰河；俺们一排长爱人一个人躺在老家的医院里生孩子，可他为了救被困在冰雪中的产妇，脱掉大衣当担架，拼尽气力开辟道路，让生命通行啊！

乙：谢谢他们！

甲：你再看看俺们的同志们，他们哪个人的双手没被冻伤？他们哪个人的双脚不是肿的？他们哪个人的嘴唇没裂口子？他们……报纸上登过一张照片你看见过没有？

乙：什么照片？

甲：在抗灾现场，一个战士用冻得红肿的手握着一个雪团子在吃……？

乙：看到了，当时感动得我是热泪盈眶！

甲：可你知道那个战士是谁吗？

乙：听说记者们都在寻找，不知道后来找到没有。

甲：找到了。

乙：谁呀？

甲：你肯定想不到。

乙：你就别卖关子了，谁呀？

甲：俺呀！

乙：你？（仔细端详甲）真没想到！

甲：别说你，连俺自己都没想到！俺吃雪团子了不假，可记者啥时候拍的照片俺怎么不知道呢？

乙：你正忙着呢呗！

甲：抗灾战斗结束之后，紧接着就是总结表彰大会。

乙：你肯定会上台接受表彰！

甲：首长讲完话之后，宣布立功受奖名单，没错儿，有俺！

乙：祝贺你！

甲：音乐声响起，立功受奖人员一个跟着一个登台领奖。俺站在台下是热烈地鼓掌啊！“哗……”手抖拍红了！

乙：你鼓什么掌啊？主持人叫你的名字呢，快上台去啊！

甲：上去了！

乙：那你怎么还在台下鼓掌啊？

甲：俺们兄弟中队有个人跟俺重名儿啊！

乙：重名啊！

2008年3月14日创作于北京

快板类

挑“商店”（数来宝）

甲：旭日东升照群山，
　　我迎着朝阳去上班。
乙：工程兵开山有经验，
　　你上班准是打风钻。
甲：我原先是个风钻手，
　　参加过会战“老虎口”。
乙：“老虎口”里很复杂，
　　我听说，四周都是“老虎牙”！
甲：人民工兵力无比，
　　敢驱虎豹斗熊罴。
　　不管它是什么牙，
　　咱革命战士都敢拔！
　　拉开架势支好钻，
　　风门儿一开咱就干。
　　一颗“虎牙”没拔掉，
　　通讯员喊我出坑道。
乙：（白）干什么？
甲：连长找我把话谈，
　　叫我去当售货员。
乙：调你去军人服务社，

这个工作挺不错嘛。

甲：（白）不错？

“老虎口”战斗刚打响，

谁愿意这时候下战场啊！

我当时脸色很难看，

冲连长说声“我不干”！

乙：对上级指示不服从，

回去准得挨批评。

甲：（白）“连长！

革命工作有分工，

这些道理我全通。

可根据特长和条件，

我最好还是打风钻。

您看我长得像头牛，

不是吹，打风钻我只当打篮球儿！”

乙：（白）这是一回事儿么！

甲：我是说我力气大，

工作再重都不怕。

乙：（白）这还差不多。

甲：连长说：那你赶紧上公路，

去完成一项新任务。

乙：（白）什么任务？

甲：公路上有辆大卡车，

停在那边半山坡。

冰封路面滑又陡，

行人拄棍儿也难走。

这汽车没带防滑链，

后轮儿使劲儿打空转。

车上装着搅拌机，

工地施工正急需。

为了闯过冰雪坡，

连长让我推汽车。

乙：（白）推汽车呀！

甲：我咬着牙，瞪着眼，

肩膀抵住后箱板。

伸开腿，扎住步，

把身子倾成四十度。

（白）“嘿！嘿……”

乙：（白）“嘿！嘿……”

甲：哎，你快看那辆大汽车，

乙：（白）上去了？

甲：稳稳当当没动窝！

乙：（白）嗨！

甲：咱连长，忽然拉住我的手，

指着对面山垭口：

（白）看！那是谁？

乙：（白）谁呀？

甲：我定睛凝神仔细看，

有人挑着一副担。

小扁担，悠悠颤，

过高坡，越深涧，

你看那身影多矫健！

乙：（白）准是位姑娘！

甲：那人来到冰雪坡，

　　哟，年纪足有五十多。

乙：（白）噢，是位大娘。

甲：中等个儿，宽肩膀，

　　青春焕发精神爽。

乙：（白）这大娘够硬朗的。

甲：一嘴胡茬儿黑又密，

　　说话亲切又和气。

乙：（白）这大娘……还有胡子呢！

甲：这是咱，后勤处的老处长，

　　抗日前线入的党。

　　他不为利，不为名，

　　老当益壮思想红。

　　这时候，处长放下肩上的担，

　　“哗啦啦”取出防滑链。

　　不一会儿，马达轰鸣唱起歌，

　　汽车爬上了冰雪坡。

乙：老处长送来防滑链，

　　真好比雪中来送炭！

甲：老处长，望着汽车微微笑，

　　连长赶忙作介绍：

　　“首长啊，这就是您的徒弟赵小牛儿，

　　他打风钻只当打篮球儿！”

乙：（白）就别提这个了！

甲：老处长，上前握住我的手，

又是颤来又是抖：
“小伙子，往后可要好好干，
咱俩一起挑‘商店’！”
乙：这件事儿，好新鲜，
没听说商店能上肩！
甲：老处长，对我讲：
挑“商店”要有好思想。
“一线天”，“老虎口”，
施工的同志处处有。
为了实现国防现代化，
他们天大的困难全不怕。
咱们服务社，不能只是站柜台，
还要想到，同志们有没有时间来。
乙：处长一心想群众，
要深入工地把货送。
甲：老处长拉过货郎担，
打开竹筐让我看：
有马列著作和“毛选”，
有学习材料字词典。
刚来的报纸新闻多，
内容生动又活泼——
什么大庆战歌传四方，
什么大寨花开万里香；
什么硬骨头六连红旗展，
事迹登了好几版。
取下报纸和杂志，

下面都是“大城市”！

乙：你这话说得有点儿玄，

大城市能装进小竹篮？

甲：（白）能啊！

有“上海”，有“桂林”，

“三门峡”“重庆”一脸盆！

乙：（白）啊？

甲：上海的各种针织品，

桂林的合成洗衣粉；

“三门峡”“重庆”是香烟，

“新山城”脸盆在最下边！

乙：（白）嘿！

甲：我们翻山越岭到工地，

工地上同志们正休息。

老处长刚刚放下货郎担儿，

就被同志们围在了正中间儿。

乙：（白）都要买货。

甲：老处长，点起了名，

先喊八班田国平：

“田国平，看这边，

你要的小说《艳阳天》；

三班长，陈明远，

给你一本小词典；

张胜利，你的钱已寄，

等会儿给你取收据；

刘学泰，你吸烟快，

从今后，你别抽烟卷儿改烟袋吧！”

乙：（白）好嘛！

甲：转眼过了一刻钟，

我们的竹篮全卖空。

老处长来到我跟前，

语重心长把话谈：

“小赵哇，售货员工作不简单，

步步都要走在先。

要在连队扎下根，

了解每个同志的心。

以雷锋同志为榜样，

我军传统永不忘。”

乙：老处长，做表率，

好思想传给下一代。

甲：我心中打开门两扇，

下决心，从今后好好挑“商店”！

乙：（白）对！

甲：那一天，风卷大雪不住地下，

“一线天”前沿来电话：

同志们正在大会战，

突然之间停了电。

乙：（白）怎么回事？

甲：原来是，暴风雪拧断了高压线，

你说这事儿怎么办？

乙：停了电，灭了灯，

我看还是快收兵吧！

甲：你这种态度真够呛，
不理解施工像打仗！
要知道，国际上始终有人想称霸，
侵略的野心特别大。
他们疯狂备战又扩军，
妄图把世界一口吞。
停了工，就等于临阵下战场，
国防战备受影响。
乙：（白）那怎么办呢？
甲：（白）怎么办？
你看咱们老处长，
口呵热气汗直淌。
他搬出两个大竹篮，
各种货物已装全。
保险带，老虎钳，
还有两个大“转盘”。
乙：（白）那叫“脚扣”！
甲：老处长，一挥手，
冲我说声“咱们走！”
挑起担子甩开步，
领我踏上风雪路。
风卷大雪呼呼叫，
满天刮起“烟儿泡”。
我们翻过了大山坳，
立刻准备过栈道。
乙：（白）什么叫栈道哇？

甲：悬崖绝壁打上眼儿，
插上木棒搭上板儿。
走一步，摇三摇，
还有人管它叫“偏桥”。
往下看，是激流，
呼呼啦啦翻浪头！
乙：（白）够险的！
甲：过栈道，要小心，
要背靠石壁侧着身。
你要是稍微不注意，
很有可能掉下去！
乙：这些困难难不住，
我不会绕道儿上公路哇！
甲：走公路要绕三十里，
误了施工，这责任你能负得起？
乙：（白）嗯……我负责呀！
甲：我踏上栈道刚想走，
觉得两腿直发抖。
抬头看看老处长，
不由得，心情激动热泪淌。
你看那，暴风雪就像运动员，
揪着处长的大竹篮。
左边拉，右边拽，
就像那拔河大比赛。
老处长，紧攥着篮绳不松手，
脚踏栈道朝前走。

腿不软，心不跳，
终于闯过了大栈道！
乙：处长真是位老英雄，
困难面前总能赢！
甲：我们过了栈道又上山，
眼前出现了电线杆。
您对着杆子留神看，
乙：（白）怎么了？
甲：那杆子上头有电线。
乙：（白）废话！
甲：老处长戴上大脚扣，
蹭蹭蹭，一气儿爬上去三丈六！
暴风卷起碎雪片，
拼命往他衣领里灌。
老处长，英雄胆，
英姿凌空战艰险。
只见那，“滋啦啦”火花四处溅，
老处长接上了高压线。
霎时间，“一线天”里霞光照，
“轰隆隆”响起了开山炮。
暴风雪，吓掉了魂，
急忙躲进了半天云！
乙：老处长，一轮红日装在胸，
斗败了飞雪与狂风。
甲：老处长接好了高压线，
又挑起了我们的“小商店”。

精神抖擞迈大步，
继续着军旅人生路。

乙：革命思想作指导，
这“商店”挑得实在好！

甲：我决心，学习处长挑“商店”，
誓为国防多贡献。

乙：学习处长挑“商店”，
愿做真金炉中炼。

甲：学习处长挑“商店”，
战斗的青春似火焰。

乙：学习处长挑“商店”，
豪情壮志冲霄汉。

甲：冲霄汉，入云端，
万丈高峰敢登攀。

合：敢登攀，敢登攀，
劈波斩浪扬征帆。
扬征帆，扬征帆，
遍地英雄下夕烟！

1974年6月创作于达县工程兵123团一连
——原载《四川文艺》1974年第11—12合刊
1978年1月修订并发表于《工程兵曲艺选》

红心永向纪念堂（节选）（数来宝）

胜利的凯歌震天响，
华主席，为革命航船把舵掌。
党中央，英明的决策放光芒，
决定修建，毛泽东主席纪念堂。

喜讯传出北京城，
举国上下齐欢腾。
万里神州春来早，
江河山川齐献宝。
滚滚南海卷浪花，
捧出洁白晶莹的沙；
兴安岭，敞开怀，
运出棵棵好木材；
世界屋脊弯下腰，
献上的雪松分外娇；
狂风巨浪挡不住，
台湾人民，隔海送来樱花树。
从青海，到新疆，
从拉萨，到南昌，
辽宁吉林黑龙江，

南京合肥石家庄；
两湖两广云贵川，
河西走廊五台山；
从河南，到陕西，
宁夏回族自治区，
浙江福建山东省，
上海天津还有内蒙。
各族人民表心愿，
争着要把厚礼献。
有多少，苍松翠柏好葱茏，
有多少，奇花异卉香味浓；
有多少，金丝楠木黄腾腾，
有多少，珍石美玉亮莹莹……
飞驰的列车似长龙，
源源运往北京城。

北京城，披彩衣，
华主席，天安门前来奠基。
建设大军一队队，
纪念碑前来聚会。
战斗的歌声一串串，
五彩的旗帜一面面，
大塔吊，迎风站，
车辆来回不断线，
机器轰鸣隆隆转，
电焊的火花四处溅……

各路人马大会战
废寝忘食拼命干。
拼命干，争上游，
优质高速严要求。
英雄们，用那钢铁的意志做栋梁，
终于修好了纪念堂！

纪念堂，多壮美，
庄严肃穆好雄伟。
站在那纪念堂前放眼望，
天安门，金色的城楼好雄壮！
蓝天下，五星红旗迎风展，
东面是中国革命博物馆；
往西看，伟岸的人民大会堂，
气势磅礴那么辉煌；
正阳门，喜换新装多英俊，
在正南，把毛主席纪念堂来陪衬。
它们相映生辉成一体，
更显得，纪念堂巍峨挺拔真无比！

纪念堂，四季的鲜花开不败，
周围是个绿化带。
油松青，桧柏翠，
白皮松树来点缀；
馒头柳，绿茵茵，
落叶最晚早知春。

只要是春天一来到，
它们最先吐翠把春报。

红果树，开白花，
清明时节披白纱。
一朵朵，一串串，
一簇簇，一片片，
洁白如雪银灿灿，
把伟大的导师来悼念。
待到九月叶更稠，
火红的果实满枝头。
想当年，毛主席把红色的种子洒下地，
革命的事业多壮丽。
就像这累累的果实好峥嵘，
一代更比一代红！

一排排雪松多庄重，
枝叶微垂，向伟大的领袖来致敬。
肩并肩，列成行，
像卫兵守卫在纪念堂。

枣红色的基石光闪烁，
纪念堂，就在那上面来坐落。
它象征，毛主席打下的铁江山，
红色的基石无比坚！

走进宽敞的北大厅，
毛主席塑像在正中。
毛主席坐在沙发上，
神采奕奕多豪放。

哀乐起，泪淋淋，
缓缓走进中厅的门。
中厅里，杭灰大理石来铺地，
金丝楠木镶四壁。
山花烂漫多繁茂，
毛主席在那山花丛中微微笑。
仰望着咱们最亲的人，
肝胆欲裂泪倾盆。
泪水泪水你慢点儿淌，
让咱们，好好把毛主席遗容来瞻仰！
飞逝的光阴你站一站，
让咱们，多把伟大的导师看一看！
倾身扑向水晶棺，
千言万语涌心间——
毛主席，您亲手把我党来缔造，
茫茫黑夜明灯照。
忘不了，您领导秋收大起义，
惊雷滚滚震天地。
忘不了，您把井冈工农来武装，
遍地英雄举刀枪。
忘不了，遵义城您为革命掌航船，

挥动巨手挽狂澜。
忘不了，宝塔山高延河长，
您指挥我们打跑了强盗杀豺狼。
忘不了，您亲手把第一面五星红旗来升起，
天安门，举行了开国大典礼！
此时刻，无限哀思涌心上，
就像那，黄河的波涛东海的浪。
心沉重，脚步慢，
频频回头不住地看。
眼含热泪往前行，
南大厅里停一停。
只见那，红色的地面红墙壁，
北面镶的是汉白玉。
无瑕的玉石白又平，
刻的是，毛主席手书《满江红》。
擦干眼泪抬头看，
南门外，飘扬着红旗三十面。
她把那三十个省市自治区来代表，
我们一定要解放祖国的台湾岛……

（与高洪顺、高明远合作）

1977年9月创作

——获“庆祝中国人民解放军建军50周年全军第四届文艺汇演”一等奖

前程似锦（对口快板）

甲：打竹板，走上台，
　　咱们两个唱起来。
乙：万里征途迈大步，
　　唱一唱，新时期的总任务。
甲：总任务，把毛主席遗志来继承，
　　全国人民最欢迎。
乙：总任务，是抓纲治国的动员令，
　　党中央亲手来制订。
甲：总任务，似灯塔，
　　载入了我国的新宪法。
乙：总任务，作指导，
　　看祖国，蒸蒸日上形势好！
甲：现在你说形势好，
　　可从前，你在里头尽胡搅！
乙：（白）我？
甲：你不种地，不锄草，
　　还说工分儿给你记得少。
乙：（白）这是我吗？
甲：你吃饱不饿到处玩儿，
　　不干工作白拿钱儿。

乙：（白）哪儿的事啊！

甲：人家攻关你不干，
跑到田里抓黄鳝。

乙：（白）全安我头上啦！

甲：人家练兵你不练，
说你不怕原子弹；
人家防空你乱跑，
说你不怕导弹捣！

乙：（白）导弹捣我呀！

甲：“四人帮”把反革命黑货来贩卖，
使很多同志受毒害，
你平时，就不爱看书不学习，
因此上，中毒受害不稀奇！

乙：（白）那倒是……噢，还是我呀？

甲：你别生气，别心慌，
我是拿你打比方。

乙：（白）这还差不多。

甲：党中央，一举将四害来铲除，
拨乱反正肃流毒，
抓纲治国发号令，
把一切积极因素来调动，
才使这些同志擦亮了眼，
跟上了形势的大发展。

乙：中华民族，亿万儿女同心干，
一心为实现“四化”多贡献。

甲：你朝前走，朝前看，

正前方是什么东西金灿灿？

乙：（白）不知道。

甲：那是伟大的一九八五年，

早已展现在咱面前。

八五年，八五年，

你瞧瞧，多像一座大花园哪！

乙：嘿！鲜花朵朵笑微微，

百鸟欢歌彩蝶飞；

花的山，花的水，

这花的世界真叫美！

甲：万紫千红齐开放，

还有那，滚滚稻花腾细浪。

乙：（白）稻花？

甲：这稻花不艳又不红，

可它的香味特别浓。

乙：现在的荒山秃岭乱石窝，

到了八五年，将会稻谷飘香荡金波！

甲：八五年，我国将建成十二个商品粮基地，

总产量达到了八千亿。

八五年，科学种田开新花，

遍地都是好庄稼。

玉米棒子粗又长，

小米长得像高粱；

高粱颗颗赛红枣儿，

豆荚长得像水饺儿。

茫茫的麦海翻金浪，

你要进去准转向，
只见麦子不见人，
就像进了大森林。
乙：你讲这话我不信，
夸张夸得太过分；
照你说，我这当农民的得改行，
到那时，专砍麦秆做房梁！
甲：农业战线奇迹多，
还有的奇迹我没说呢！
粮食高产不算事儿，
八五年，棉花开得更有趣儿。
有的白，有的黄，
还有的就像西瓜瓤。
五颜六色纯天然，
穿着它，夏天消暑冬防寒。
乙：这真是，农业科技领了先，
人民的智慧能胜天。
甲：说到天，你朝天上看，
纵横布满输电线，
"金线""银线"连万家，
开出朵朵"金银花"。
乙：金银花，是中药，
清热解毒治感冒！
甲：（白）什么呀！
三十个新型大电站，
都是我国自行设计自己建。

水电站，火电厂，
地热发电大推广，
核能发电更理想，
组成了纵横交错的大电网。
乙：原来是，强大的电流通四海，
才有这金花银花放异彩。
甲：电的威力特别大，
能促进工农业生产的现代化。
我国新建的十大钢铁厂，
钢铁指标月月长，
钢铁元帅升了帐，
钢都钢城钢花放，
钢水滚滚如浪奔，
钢产量每年六千多万吨！
乙：六千万吨真不少，
不知道造些什么比较好？
甲：钢铁的用处实在多，
多得简直没法说。
工业上用它造机器，
农业上用它造农具；
国防建设离不了，
科学实验不可少；
造井架，造钻头儿，
造车造船造铁牛儿，
造飞机，造军舰，
造卫星，造火箭，

造枪造炮造刺刀，
造锅造碗造“面包”……

乙：（白）别造了！
钢铁面包谁见过？
一顿你能吃几个？

甲：这种面包特别大，
你这个儿，十个八个装得下，
又美观，有精巧，
马达一响它就跑。

乙：（白）噢，面包汽车呀！

甲：对，你再看，我国新建的十大油气田，
生产进度更无前，
现代化的油气化工联合体，
专把油气来提取。
提炼的油类质量高，
化工产品内外销，
化纤化肥品种多，
五光十色没法说，
最有味的是农药，
你要想喝自己倒！

乙：（白）我不喝！

甲：新修的输油输气大管道，
横跨平原钻山坳，
宛若长龙四方走，
通向五个新港口。
老港口，新港口，

现代化设施全都有，
气势磅礴规模大，
装卸都是自动化。

乙：嘿！这老港新港连成串，
多像一道五彩练，
亮闪闪，光灿灿，
镶嵌在祖国万里海岸线！

甲：五彩的旗帜迎风摆，
阳光灿烂照煤海，
我国新建的八个煤炭大基地，
采煤全是新工艺。

乙：块块煤炭都是宝，
祖国建设离不了。

甲：英雄矿工摆擂台，
不尽乌金滚滚来，
困难面前眉不皱，
他们特别能战斗！

乙：煤炭工业战鼓催，
同那时代列车比翼飞！

甲：时代列车汽笛鸣，
一日千里永不停，
六条铁路新干线，
都是我国自己建，
新型铁路新机车，
技术先进优点多，
运行好像插了翅儿，

车轮飞转不沾地儿，
爬坡上坎不费力儿，
万儿八千不喘气儿！
乙：嘿！你那儿越说越有劲儿，
我这儿越听越有味儿，
思思想想真有趣儿，
到处都有新鲜事儿！
甲：条条铁路连北京，
山山水水都相通。
乙：老干线儿，新干线儿，
一道一道连成片儿，
连成片儿，织成块儿，
把无数城镇乡村穿成串儿！
甲：就好像，千条青藤万朵花，
绚丽多彩人人夸！
乙：嘿！八五年，不愧是座大花园，
无限风光看不完。
甲：看不完，看不够，
前程万里披锦绣！
乙：我提议：咱俩干脆迁户口，
住在这八五年里就甭走啦！
甲：叫同志，目光不要太短浅，
要知道新的长征路更远。
你放开眼界朝前看，
二〇〇〇年正将我们来召唤。
到那时，四化春光满人间，

你面前又是一层天——

乙：（白）是吗？

甲：实现了四个现代化，

人的能耐特别大，

各行各业条件好，

工作生产用电脑。

乙：（白）电脑？

甲：（白）对啦！

乙：这电脑使用一定很简便，

不就是给你那脑子通上电吗？

甲：（白）我受得了吗？

噢，通上电，合开关，

我就哆里哆嗦上西天啦！

乙：（白）那是什么？

甲：电脑又叫计算机，

形状繁多各不一。

甭管多大数目字儿，

计算起来不费劲儿，

准确无误没差错，

能指挥来能操作。

乙：（白）太好啦！

甲：电脑造的机器人儿，

五官俱全很有神儿，

会唱歌，会舞蹈，

会开机器会锄草；

样子长得特别帅，

脑子反映特别快，
会做饭，会炒菜，
还凑合着跟你谈恋爱！

乙：（白）啊？！

甲：科技大军逞英雄，
天天都有新发明。
蓝天布满交通线，
你要旅行很方便。
坐飞机，乘飞船，
你想到哪玩到哪玩。

乙：我想下海，想登山，
想入地，想上天！

甲：只要你会按电钮，
五湖四海任你走，
你能到东海涮一涮，
你能到珠峰站一站，
你能到地下探一探，
你能到太空转一转。

乙：（白）我能不能到我爱人那儿看一看？

甲：（白）你爱人在哪儿？

乙：我爱人，在武汉，
长了不见挺想念的！

甲：这个事情很好办，
你就打个电话见见面吧。

乙：（白）电话里能见面吗？

甲：可视电话最新型，

上边有个荧光屏。
你在北京按电钮，
电话立刻到汉口。
瞧，你爱人头戴一顶小白帽儿，
正在那荧光屏里冲你笑呢!
（白·天津话）我说，你看见我了吗?

乙：（白）我看见你啦，亲爱的!
咱俩相隔几千里，
想不到电话里就能见到你。
往后我就常请假，
一天三遍挂电话。

甲：（白）啊? 你还干不干工作啦?

乙：我们那儿条件好，
工作生产用电脑!

甲：叫同志，听我讲，
你不要坐吃等穿把福享，
工作有了好条件，
咱们也不能白吃饭。

乙：（白）为什么?

甲：历史车轮永不停，
我们人类，总是要不断地有所发展和发明。
我们把美好的前程来展望，
切莫要忘乎所以转了向。
别忘了，现在还是一九七八年，
前头的道路很艰难。
为了“四化”早实现，

咱们就得脚踏实地拼命干！

乙：对！为了“四化”早实现，

咱就得脚踏实地拼命干！

甲：一颗红心两只手，

坚定不移跟党走。

乙：抢时间，争速度，

首先完成总任务。

甲：理想坚定情满怀，

美好的日子干中来！

乙：前程似锦美如画，

我们祖国，一定会越来越强大！

合：让我们继续革命勇向前，

披荆斩棘莫畏难，

大干快上凯歌还，

（与杨其峙合作）

1978年8月创作于北京·工程兵文工团

——原载1978年12月22日《工程兵报》

争气号（数来宝）

甲：伟大祖国好春光，
　　百花怒放吐芬芳。
　　国防科研花万朵，
　　雨露滋润结硕果。
乙：这颗颗果实甜又脆，
　　我来一个尝尝味儿！
甲：有一种果实特别好，
　　你要是见了可别跑。
乙：（白）我跑什么呀！
　　吃水果我的胃口大，
　　酸的甜的全能下。
甲：这种水果很可怕，
　　最大的特点爱爆炸！
乙：（白）啊?!
甲：我说的是一种新地雷，
　　专门对付侵略贼。
乙：（白）新地雷?
甲：（白）是呀！
　　它是咱科研战士自己造，
　　取名儿就叫“争气号”。

乙：“争气号”，我知道，
上过广播登过报。
甲：“争气号”，不简单，
它是国防科研一尖端。
乙：“争气号”，能出现，
这里边定有一场攻坚战。
甲：攻坚战斗实在多，
这得给你从头说。
你先到科研所里认认门儿，
我给你介绍一个人儿。
乙：（白）谁呀？
甲：这个人儿，穿着打扮很朴素，
补丁衬衫旧军裤。
他就是科研所里的研究员，
从事科研几十年。
名字就叫丁国宝，
同志们见了都喊“丁老”。
乙：（白）这是尊称。
甲：其实丁老并不大，
就是长相有点儿自由化！
尖下巴，厚嘴唇儿，
额头上边净皱纹儿；
近视眼镜烂了边儿，
一闪一闪都是圈儿；
中等身材不太胖，
大风一吹直打晃。

乙：我听说，丁老在科研战线是名将，
他怎么会是这个模样？
甲：（白）唉！
那些年，太黑暗，
“四人帮”，反对科研穷捣乱。
说丁老是右倾回潮搞翻案，
走的是修正主义的黑路线。
丁老从此遭批判，
隔离审查靠边站。
每天早晨扫大院，
每天中午掏大便，
就数晚上还挺好，
趴在铺上写检讨！
乙：丁老人才很难得，
学识丰富又渊博。
他们这样整人太可气，
都有什么凭和据呀？
甲：“知识越多越反动，
单凭这，就能够上反革命！
再一说，他还要搞什么‘争气雷’，
知道这是紧跟谁吗？”
乙：“我们紧跟军委扩大会，
搞科研是为促战备！”
甲：“那个会议有问题，
批判还没来得及呢！
劝你们及早把头回，

别跟着老邓找倒霉!”

乙：阴云滚滚遮碧空，

“四人帮”来势狠又凶。

甲：科研所里的小帮派，

乘机兴妖来作怪。

一天到晚闹哄哄，

就好像，苍蝇飞出大粪坑。

吹大牛，放大炮，

耍嘴皮子唱高调；

别人上班他们睡觉，

伸胳膊蹬腿喊口号；

拆器械，烧资料，

专门会打小报告……

乙：流氓无赖吃得香，

真才实学遭了殃。

甲：丁老是个硬骨头，

敢抛性命顶逆流!

妖魔鬼怪全不怕，

一心为实现国防现代化。

半夜丁老睡不着，

捏着报纸注目瞧。

见报上，“梁效”的文章臭又长，

装腔作势充内行。

说什么“科技界必须要大乱，

才能做出大贡献。”

丁老看得气炸了肺，

把报纸撕得稀巴碎！

乙："四人帮"这伙大败类，

对人民犯下滔天罪！

甲：丁老想，美苏在世界来争霸，

穷兵黩武核讹诈。

他们疯狂备战又扩军，

武器装备常更新。

可我们，国防科研进展慢，

不少武器，用了多年都没换。

乙：这都怪万恶的"四人帮"，

把国防科技的元气伤。

甲：丁老想，军委会议传喜讯，

部队工作要整顿。

国际上，排雷技术大提高，

美苏军队都有新招。

他们的新式探雷器，

探测地雷不费力。

为了对付侵略贼，

我们必须研发新地雷！

请问这犯了哪家的法？

难道说，我们就该坐井观天等挨打吗？

乙：（白）问得好！

甲：丁老越想气越大，

"噌"一下，甩掉被子把床下。

猛抬头，毛主席画像映眼帘，

霎时间，一片光明在眼前。

乙：黑暗即将要过去，

红太阳，一定会驱散乌云照大地！

甲：春雷一声天地变，

晴空万里彩霞现。

乙：英明伟大的党中央，

一举粉碎了“四人帮”！

甲：我们的丁老焕青春，

一天到晚笑吟吟。

为了国防现代化，

他搞科研的劲头儿特别大。

他经常工作到深夜十二点，

起床起得特别晚，

乙：（白）晚？

甲：嗯！晚到次日凌晨两三点！

乙：（白）就睡一会呀！

甲：那一天，是新年，

家家户户大团圆。

组织上，“逼”他回家吃水饺，

他下了公交使劲儿跑。

乙：（白）跑什么？

甲：他说眼下时间就是宝，

节约一秒是一秒！

乙：（白）争分夺秒啊！

甲：他端着饺子想着事儿，

鲜美的饺馅儿吃不出味儿。

他含着饺子忘了嚼，

使劲儿捏着小汤勺儿。

突然他把老伴儿叫：

"孩他妈，这里边装的什么药?"

乙：（白）当地雷了！

甲：丁老刻苦来攻关，

没过过一个星期天。

他嫌屋里总来人，

干脆用锁锁上门。

然后从窗口往里钻，

回头再把窗子关。

乙：（白）这你怎么知道的?

甲：那天半夜我站岗，

忽听得，实验室里窗子响。

见一个人影往里跳，

我以为有人来偷盗。

大喊一声："你是谁?"

乙：（白）他怎么回答?

甲："别开枪，我是地雷！"

乙：（白）嗨！

丁老的精神真可贵，

值得大家来敬佩。

甲：就这样，他关着窗子锁着门儿，

废寝忘食苦用神儿。

只听得："哒哒哒，唰唰唰"，

"嚓嚓嚓，哗哗哗"，

"啪啪啪，哈哈哈"……

乙：你一句一句来讲清，
　　这些都是什么声儿？
甲：闹钟走时“哒哒哒”，
　　翻查资料“唰唰唰”；
　　清理图纸“哗哗哗”，
　　来回踱步“嚓嚓嚓”；
　　汗珠落地“啪啪啪”，
　　有了突破“哈哈哈”。
乙：往后的事情我知道，
　　丁老的名字就上了军报，
　　他终于搞出了“争气号”！
甲：经过鉴定威力和性能，
　　“争气号”，超出了国际新水平。
甲：“争气号”，体积小，
　　携带方便又轻巧。
乙：（白）太好了！
甲：“争气号”，威力强，
　　专给坦克大开膛！
乙：（白）太好了！
甲：“争气号”，埋地下，
　　炮火引爆它不炸。
乙：（白）太好了！
甲：“争气号”，探不着，
　　你要是想死用镐刨！
乙：（白）太好……我不刨！
甲：毛泽东思想鼓东风，

激励着战士再长征。

乙：党中央开辟强军路，

提出了新时期的总任务。

甲：咱们要向丁老来学习，

胸怀壮志想全局。

乙：咱们要向丁老来学习，

大风大浪路不迷。

合：咱们向丁老来学习，

继续革命志不移。

狠批“四害”扫残敌，

千秋万代举红旗！

（与王锡峰合作）

1978 年 8 月创作于工程兵文艺创作学习班

——原载 1979 年 1 月军委工程兵《连队文艺》

王大个儿（数来宝）

合：人民军队英雄多，
　　保卫边疆谱新歌。
甲：王大个儿，好班长，
　　光荣牺牲在战场。
乙：不就是有名的“螺丝钉”，
　　咱们师里的“活雷锋”（吗）？
甲：对！越南当局太可恨，
　　多次在我国边境搞挑衅。
　　反击战，一打响，
　　他积极报名上了战场。
　　英勇杀敌立功勋，
　　为保卫祖国献了青春！
　　连里要开追悼会，
　　同志们默默无言做准备。
　　扯青绸，挂白纱，
　　写挽联，剪白花。
　　花圈摆在遗像前，
　　会场布置得很庄严。
　　全连集合站好了队，
　　哀乐声中开了会。

指导员，走上台，
泣不成声哭起来。
手捧着悼词还没念，
同志们，泪如珍珠断了线。

乙：战友情意如山重，
怎不叫人心悲痛！

甲：王大个呀，好班长，
可知道，战友都在把你想？
怎能忘，奔赴前线急行军，
武器装备挎满身。
山又高，坡又陡，
草深林密难行走；
抢时间，争分秒，
加快速度向前跑；
我“扑通”一声给摔倒，
脑袋上顿时长出了“俩大枣”！

乙：（白）嗨！注意点嘛！

甲：这时候，忽然伸出一双手，
背起我就往前走。
我一看，是我们班长王大个，
你说可乐不可乐？

乙：（白）你乐什么呀？

甲：他身上背的东西特别多，
活像一辆载重车（呀）！

乙：（白）是吗？

甲：冲锋枪，子弹袋儿，

防毒面具好几件儿，

铁锹镐头捆一块儿，

压缩饼干一大串儿。

又是绳儿，又是线儿，

又是扣儿，又是袢儿，

横的竖的全是带儿，

简直成了杂货店儿啦！

乙：（白）瞎！

甲：班长背我挺带劲儿，

可我心里不是味儿。

再一说，我叫人驮着去打仗，

你说这像个什么样？

乙：（白）就是！

甲：我又是喊，又是叫，

急急忙忙往下跳。

乙：（白）你跳什么呀？

甲：我怕他这“汽车”会放炮（哇）！

乙：（白）还真当汽车啦！

甲：王大个儿，学雷锋，

对同志真像亲弟兄。

回想起：部队进军打高平，

前方有越寇两个营。

王大个儿，率领我们两个班，

把穿插重任来承担。

动作神奇向前进，

机智巧妙入了敌阵。

猛然间，一阵机枪往这扫，
右前方发现越寇俩暗堡。
好班长，王大个儿，
一马当先去爆破。
就听得两声巨响震云天，
敌人的暗堡连锅端（啦）！

乙：（白）炸得好！

甲：越南兵一看事不好，
丢盔弃甲拼命地跑。
同志们正要往前追，
只见班长手一挥：
“慢！同志们，别大意，
防备敌人们的‘拖刀计’。”

乙：（白）拖刀计？

甲：“他们布下了地雷无其数，
妄想阻挡我军前进路。
企图诱我去追击，
踏进他们的布雷区。
同志们，咱们赶快把雷排，
要不然，后续部队上不来！”

乙：（白）对！

甲：好班长，王大个儿，
牙一咬，脚一跺，
一根竹竿拿起来，
奋不顾身把雷排。
看见地雷他就捣，

看见雷线他就挑；
捣一下，炸一颗。
挑一下，炸一窝；
地雷崩起的碎铁片儿，
飞在空中多少块儿。
噼里啪啦像雨点儿，
把他的帽檐儿炸得全是眼儿！
乙：（白）可真够险的！
甲：有个新兵没经验，
一下蹚上了绊雷线。
眼看新兵有危险，
班长一旁大声喊：
“卧倒！”一把将新兵按在地，
高大的身躯扑过去。
新兵一点没受伤，
王大个儿，鲜血染红了绿军装！
我一见班长受了伤，
给那个新兵俩耳光！
乙：（白）哎？你怎么打人哪！
甲：我不是跟别人来发火，
那个新兵就是我。
乙：（白）你呀！
王大个舍身救战友，
踏着雷锋的脚印走。
甲：王大个危险时刻朝前冲，
真是个，名副其实的“活雷锋”！

他负伤以后进了医院，
从此好久都没见。
到后来，噩耗传来痛人心，
王大个，为保卫祖国献了青春！

乙：（白）噢，他真牺牲了？

甲：同志们根本不相信，
指导员四处打听去询问。
到那烈士陵园去察看，
所有的墓碑看了个遍。
果然有个王大个儿，
姓名番号都没错儿，
指导员回连说了实情，
才决定把那追悼大会来举行。

乙：哀思不尽情无限，
把亲爱的战友来怀念。

甲：学战友，明志向。
无限悲痛化力量。
同志们熊熊怒火燃心头，
誓为战友去报仇！

乙：对！深仇大恨记在心，
狠揍越寇侵略军！

甲：我正在前边呼口号，
猛听得，身后有人说又笑。

乙：（白）这是谁呀？
开玩笑也不分分地儿，
追悼会哪能瞎逗趣儿！

甲：当时我心里特别烦，
　　恨不得回手给一拳！
乙：（白）谁这么不严肃？
甲：我急忙扭头这么一瞅，
　　这一回，连我也乐得拍起了手。
乙：（白）你怎么也乐了？
甲：你说这事有多神，
　　会场上来了一个人。
　　一丁一点儿都没错儿，
　　是我们班长王大个儿！
乙：啊?！你说这话实在玄，
　　王大个儿，不是光荣牺牲进了陵园（吗）？
甲：当时我也挺纳闷儿，
　　后来才知道咋回事儿。
乙：（白）怎么回事儿？
甲：王大个负伤离了前沿，
　　半道儿碰上个重伤员。
　　那伤员，昏迷之中刚苏醒，
　　流血过多直喊冷。
　　王大个儿，看在眼里疼心间，
　　脱下了军衣给他穿。
　　只因为，这位同志伤太重，
　　抢救无效献了生命。
　　医生们把他的领章给取掉，
　　记下了姓名和番号。
　　刻好了墓碑立在陵前，

王大个儿，就是这样进了陵园。

乙：（白）嗨！

王大个儿，学习雷锋做好事儿，

闹出个笑话真有趣！

甲：还有个笑话更逗哏，

听了以后挺吓人！

乙：（白）什么笑话？

甲：小王外出去买菜，

开追悼会时他不在。

白天跑路非常累，

晚上睡觉直踢被。

王大个儿，急忙把被子给盖好，

小王一脚就蹬跑了！

他睁开眼睛细留神儿，

床前站着一个人儿。

王大个冲他咧嘴笑：

（白）"嘿嘿……"

小王当时吓一跳！

心里想：半夜三更活见鬼（了），

"死人"冲我直咧嘴！……

乙：（白）嗨！这都哪的事呀！

甲：王大个跟他一握手，

小王想：千万别让他拉走哇！

乙：（白）嗨！想哪去了！

甲：小王心里直发毛，

瞪着两眼睡不着。

眯缝着眼睛留神看，
见王大个儿手里拿着针和线。
灯下给战友补军装，
小王这才不紧张。
王大个儿，从头至尾说根由，
小王乐得直点头。

乙：王大个儿，艰苦朴素高风尚，
是我们学习的好榜样！

甲：王大个儿，学雷锋，
助人为乐树新风。

乙：王大个儿，学雷锋，
征战沙场武艺精。

甲：王大个儿，学雷锋，
保卫边疆立新功！

乙：王大个儿，学雷锋，
革命路上永攀登！

合：王大个儿，学习雷锋做雷锋，
不愧是，英雄行列的排头兵！

（与张金华合作）

1979年6月15日创作于北京

——原载1980年第6期《黑龙江艺术》

好战友（数来宝）

甲：人家都说咱俩好，
　　说了多年数来宝。
　　生活中，有些个事情常出现，
　　不知你碰上都怎么办？
乙：（白）什么事情？
甲：比如说，你管着个农场特别富，
　　鸡鸭成群粮满库。
　　老战友前来把你找，
　　要买稻谷去喂鸟儿。
　　留下钱，整五块，
　　外加一条空麻袋，
　　你说这粮食怎么卖？
乙：嗨！这就好比，千亩果园摘颗桃儿，
　　老牛身上拔根毛儿。
　　既然是多年老战友，
　　要钱哪能伸出手？
　　叫我说，称不称的没必要，
　　东北人讲话“可劲造呗”！
甲：比如说，有一条小路儿滑又陡，
　　阴天下雨没法走。

一脚低，一脚高，

老人孩子常摔跤。

这条路，离你的住处不太远，

不知你看见管不管？

乙：（白）当然管了！

修桥补路与人方便，

造福民众堪称赞。

这样的机会实在少，

只不过，条件儿咱们得先讲好。

我这人，对金钱从来不怎么爱，

你要成心修，一平米就按三百块！

甲：（白）三百块？

乙：甭咬牙，您要是觉着划不来，

咱们撒油那拉咕嘟儿白！

甲：（白）嘿！他倒干脆！

比如说，有一位老农正卖瓜，

过来了几个“品尝家”。

他们敞胸露怀腆着肚儿，

冲着老头儿叫岳父。

乙：（白）这不是占便宜么！

甲：“岳父哎！您老是打算破点财儿，

还是想跟哥们儿的小刀儿玩一玩儿？”

乙：碰上这事儿少开口，

转身迈步早点儿走。

就算卖瓜那老头儿是我舅，

我也不主动找挨揍！

甲：（白）这什么人！

小模样儿长得还像回事儿，

脑瓜儿不大挺灵气儿；

能识文，会断字儿，

可就是思想太差劲儿！

乙：（白）这怎么说话哪？

甲：我有一位好战友，

你要和他比，就显得形象特别丑。

他好比一轮明月当空照，

乙：（白）那我呢？

甲：你顶多算个手电泡儿！

乙：（白）我也太惨了点儿！

呃，听口气，这人准是个大英雄，

不知道他叫什么名儿？

甲：叫什么名，我先不讲，

他有几个外号儿特别响。

人说他，是"大别山区的一盏灯"，

是"新县城里的活武松"，

是"八十年代的新雷锋"，

实际上，他只是河南总队信阳支队一位普普通通的志愿兵！

乙：说到这儿，你先打住，

他是谁我心中早有数。

甲：（白）你说是谁？

乙：（白）刘家友！

甲：（白）对！

乙：我看过《人民武警报》，

他的事迹我知道。

甲：（白）是吗？

乙：刘家友，原籍湖北宜城县，
七四年，走进军营把岗站。
从农民，到士兵，
从新兵，到老兵，
从义务兵，到志愿兵，
刘家友始终都是兵。
有人说，士兵的岗位太平凡，
可是刘家友，干了一年又一年。

甲：平凡的岗位平凡的事儿，
刘家友，一干数年不歇气儿。

乙：车站上，刘家友救过老大娘；

甲：集市上，刘家友斗过小流氓。

乙：看守所，刘家友镇住了暴狱的劳改犯，

甲：荒山上，刘家友开垦出一块块菜地叶绿花黄、滴翠流芳真好看！

乙：从中队，到农场，
刘家友大小也算当过“长”。

甲：有的人，当“长”是为了捞好处，
刘家友，当“长”想的是公家富。

乙：新县中队，原先的伙食实在糟，
黄豆咸菜争着在食堂搞“承包”。

甲：刘家友代理了司务长，
马上就把办法想。
他开荒种地搞饲养，

提前几年，实现了“斤半加四两”！

乙：中队过节大会餐，

各种佳肴味道鲜。

什么炒虾仁儿，拌肚丝儿，

红烧鸡块儿焖蹄筋儿；

什么酱鸭脖儿，烤羊腿儿，

糖醋活鱼在那盘子里边儿直张嘴儿。

有个新战士，望着盘子直皱眉，

心里想，咱们俩到底谁吃谁呀！

甲：支队农场，经营不善烂了摊儿，

就像顶破帽没了边儿。

首长到新县找小刘儿，

叫他到农场去当头儿。

刘家友，走马上任浑身劲儿，

到那儿一看这什么地儿？

乙：一口土井全是泥儿，

两头瘦牛全是皮儿；

三口鱼塘全没水儿，

四十亩庄稼全没籽儿；

五间破房全露天儿，

六个兵，一到冬天全升官儿；

他们蒙着被子蜷着腿，

一个个都成“团政委”啦！

甲：刘家友，下决心，

要让农场大翻身！

修宿舍，盖库房，

垒猪圈，挖鱼塘，
带领着战友日夜忙。

乙：日夜忙，日夜干，
他没留意，农家都吃了“腊八”饭。

甲：媳妇开花写信来，
说家里边儿，既缺钱粮又缺柴。
盖房子欠下人家的账，
要钱的一天到晚来回晃。

乙：刘家友，痛苦的波浪涌上心，
他想起了年老多病的父母亲。
大哥落水被淹亡，
两次大火烧光了房。
你别看那房，土壁柴门稻草顶，
对于穷人说，它超过了烧毁几座兴安岭啊！

甲：刘家友，咽下痛苦咽下愁，
不让泪水腮边流。
他用心血和汗水，
终于把，农场装扮得分外美！

乙：过了绿夏是金秋，
支队农场，农牧副渔大丰收。
瓜果香，稻谷黄，
鲜虾活鱼满池塘；
羊满坡，猪满圈，
第一年，总收益就达两三万！

甲：刘家友，科学生产和经营，
上上下下出了名。

乙：首长到农场去遛弯儿，
顺便带了根儿钓鱼竿儿。
本打算钓上来个把尝尝腥儿，
刘家友，在一旁都给放了生。
甲：刘家友，对己对人都严要求，
不允许谁揩公家的油儿！
乙：刘家友，心中有个小账本儿，
该进该出全有底儿。
该给的，无论多少不心疼，
不该给，天王老子也不行！
甲：刘家友，面对成绩不满足，
又为农场绘宏图。
谁成想，未待宏图得实现，
直肠癌，摧垮了这位英雄汉！
乙：武警总部，红头文件往下传，
号召部队，学习家友好党员。
甲：刘家友，壮志未酬身先死，
常使活人泪不止。
人都说，多做好事福寿长，
家友啊，你为啥却走得这样忙？
乙：家友的一位老上级，
感慨万千把话提：
“想起那，一条麻袋五块钱，
我记恨了家友大半年。
到如今，我才知家友认直理，
他是看不惯有人损公肥自己呀！”

甲：新县人民，眼含热泪唤家友：

“家友啊，你修的路，我们天天都在走。”

乙：为了修路，你累断了筋骨跑断了腿，

没尝过咱们一口水呀！

甲：可是有的人，心里光知道想自己，

一张口，就是三百块钱一平米。

我真纳闷儿，修路的为啥不长寿，

想钱的，却没完没了地活不够！

乙：噢，这儿说我哪？

甲：有一位大爷花白头，

手捧着报纸热泪流：

“武警同志，瓜摊儿前你救过老汉的命，

到如今，俺才知你的名和姓。

那一天，有个人就在我旁边儿不太远，

看着我挨打都不管。

他还跟人说，卖瓜那老头儿是他舅，

他不帮忙是怕挨揍！”

乙：嗨，你别再旁敲侧击把我损，

那些个话，不过是开开玩笑逗逗哏。

我要没那么几句词儿，

你哪知道，生活中还真有那种人？

甲：刘家友，好战友，

献身精神永不朽！

乙：刘家友，好榜样，

克己奉公永不忘！

甲：刘家友，好兄弟，

光辉形象，永远在我们心中立！

乙：刘家友，好标兵，

不愧是，新时代的新雷锋！

甲：好战友，好标兵，

激励我们去长征！

乙：好战友，新雷锋，

鼓舞我们当好兵！

合：当好兵，当好兵，

政治合格武艺精；

保卫祖国立大功，

把武警形象端端正正、清清亮亮留在人民心目中！

——原载1989年1月15日《人民武警报》

祖国一片新面貌（音乐快板）

合：改革开放谱新篇，
　　神州大地换了新天。
　　万里河山展新颜，
　　伟大祖国走过了光辉的五十年！
甲：五十年从昨走到今，
乙：五十年从冬走到春；
丙：五十年从旧走到新，
丁：五十年从梦走到真！
甲：五十年，祖国面貌大改变，
乙：五十年，人民生活大改善；
丙：五十年，民族团结大体现，
丁：五十年，新旧秩序大转换！
合：五十年，咱们工业发展、农业丰收、政治稳定、经济腾飞、国防巩固、外交胜利、科技领先、教育进步、百业振兴引起了世界大惊叹！
甲：想看奇迹往南行，
　　南方的山水似画屏。
　　小渔村儿变成了大特区，
　　繁华兴旺好生机。
　　南方人，思想观念大超前，

耕耘着改革开放的试验田！

乙：看罢南方往北走，

大北方就像一壶酒！

开放的边境暖风吹，

洋小子洋妞儿过了界碑。

白山黑水大草原，

嘿！溜达一圈儿真解馋！

丙：看罢北方转回头，

黄浦江上游一游。

“东方明珠”做背景，

搂着浦东留个影。

然后再逛逛南京路，

品一品啥叫高速度！

丁：朝霞美，夕阳红，

追着太阳往西行。

红柳胡杨雪莲花，

塔里木的井架云里插。

西部就像个俏新娘，

掀了她的盖头做新郎！

甲：东西南北美景多，

乙：中间儿的美景更甭说。

丙：四面八方好景象，

丁：大中国彻底变了样儿！

甲：水绿啦，天蓝啦，

老百姓的日子变甜啦。

吃东西讲究营养啦，

住房子讲究宽敞啦；

穿衣服讲究款式啦，

找媳妇讲究品质啦！

乙：科技发展忒快啦，

新玩意儿眨眼就换代啦！

新出的汽车没挡啦，

新买的电脑联网啦；

电视节目上星啦，

带电的全都成精啦！

丙：咱们的国力变强啦，

祖国挺起胸膛啦！

咱们的舰队出洋啦！

咱们的卫星返航啦！

咱们的飞船就要上天啦！

咱们中国，边界上没有硝烟啦！

丁：香港澳门回家啦，

百年国耻洗刷啦！

台湾也不会久拖啦，

分裂的图谋砸锅啦！

国土就要完整啦，

华夏就要一统啦！

合：国土就要完整啦，

华夏就要一统啦！

甲：唱起我们的心之歌，

乙：点起我们的情之火。

丙：把昨天的丰碑交给历史，

丁：把明天的太阳迎进祖国。

合：让我们在党中央的领导下，

携手并肩、同心同德、努力开拓、奋勇拼搏、踏平坎坷、填平沟壑、红红火火、蓬蓬勃勃——

再创造一百个五十年，

留给长江，留给黄河！

——原载 1999 年 9 月 16 日《解放军报》

关注西部大开发（陕西快板）

新千年迎来了新起点儿，
同志们的掌声像雨点儿。
大家的心情我多多少少知道点儿，
是希望我把气氛弄得热闹点儿。
热闹点，红火点儿，
能够充分展示自我点儿。
随意点儿，忘情点儿，
彼此都会觉得真诚点儿。
真诚点儿，放松点儿，
哈哈一乐，回头全都变得年轻点儿！
咱们说一点儿，笑一点儿，
再把正经的事情唠一点儿。
中国西部大开发，已经敲响了锣鼓点儿，
咱们心里边儿，应该尽早有谱点儿。
党中央，把西部开发当了重点儿，
咱也要抓紧行动点儿。
哪怕是家庭孩子少顾点儿，
也要用心把西部开发关注点儿。
目光向西部聚集点儿，
精力向西部转移点儿；

建设性的意见多提点儿，
方方面面都可以大胆涉及点儿。
比如说，建议会议少开点儿，
喊口号的镜头少拍点儿；
花架子，少摆点儿，
实实在在把工作做得出彩点儿。
导演们，少挣点儿，
狗屁晚会少弄点儿；
让大家的耳朵清净点儿，
也省点儿钱，把那花草树木给咱们的西部多种点儿。
西部的话题多讲点儿，
西部的事情多想点儿；
西部的知识多长点儿，
硕士博士，多为咱们西部培养点儿。
医院诊所多盖点儿，
护士大夫多派点儿，
把咱们西部的百姓疼爱点儿。
外国大片儿少放点儿，
传统教育赶趟点儿，
让西部的娃娃从小就思想高尚点儿。
黄赌毒，勤扫点儿，
把西部的空气弄好点儿；
正规渠道畅通点儿，
把文化品位提升点儿；
大腕儿们，到西部演出少赚点儿，
多把爱心奉献点儿；

少拿点儿，多掏点儿，
您的形象准会更高点儿！
打假工作抓紧点儿，
楼堂馆所乱建之风刹狠点儿。
交通状况改善点儿，
设施规划全面点儿；
机场适当扩建点儿，
码头修得规范点儿；
铁路公路多铺点儿，
主动脉的特点突出点儿。
农业上功夫多下点儿，
科技含量加大点儿；
工业品质量好好提高点儿，
有机会，大家伙儿帮着推销点儿！
机关办事，“皮球”尽量少踢点儿，
送上来的报告，凡是西部的就早批点儿！
待遇方面特别点儿，
政策尽量倾斜点儿；
倾斜点儿，长久点儿，
领导们，下到西部勤走点儿。
见了群众礼貌点儿，
家长里短多唠点儿；
媒体宣传低调点儿，
把和谐的气氛营造点儿。
深入的时间稍长点儿，
说话办事您慢慢就会在行点儿！

我一口气说了不少点儿，
出发点是把西部的事情办好点儿。
为了对子孙后代负责点儿，
各方面还得严格点儿。
法制法规要健全点儿，
查处违章要从严点儿；
资源使用要节省点儿，
环境保护要系统点儿；
铺张浪费的批评点儿，
野蛮开采的关停点儿；
为了让西部的生态平衡点儿，
大家伙儿手头儿嘴头儿都留情点儿！
违章违纪的处罚点儿，
后果严重的追查点儿；
触犯刑律的捉拿点儿，
当然了，表现优秀咱们还得坚决提拔点儿！
一句话，只有把西部好好发展点儿，
安定的局面才会更加长远点儿；
贫富差距缩小点儿，
老百姓的生活才会更加美好点儿；
东西部关系理顺点儿，
各族人民会觉得更加亲近点儿；
咱们每个人把全局观念增强点儿，
精神状态昂扬点儿，
共和国就会更加辉煌点儿！

——原载 2000 年 5 月 23 日《解放军报》

好梦成真（音乐快板）

甲：打竹板儿，响连声，

见了首长直发蒙。

乙：腿发软，心发慌，

又激动来又紧张。

丙：一紧张，转向了，

挺熟的台词儿全忘了！

丁：这个事情很好办，

同志们，咱们撒由那拉明天见！

祝首长战友们身体好，

有什么事儿，回头您找咱们站领导！

（白）拜拜！

甲：（白）回来！就这么走了？

众：（白）咱们上台还没表演呢，就下去了，丢不丢人哪？

丁：（白）词儿都忘了，还演什么演啊！

甲：咱们电话兵，长年累月守机房，

上台紧张很正常。

只不过，咱们别拿紧张当借口，

壮壮胆儿，把心中的秘密抖一抖！

众：抖就抖，说就说，

只当是大伙儿一起唠唠嗑儿。

甲：（白）我先说！

说小时候我就爱瞎想，
心灵就像长了翅膀。
我梦见自己把兵当，
穿上了一身绿军装。

乙：光当兵，还不算，
我还梦见自己提了干。
管的全是男子汉，
我指挥他们搞训练。

众：（白）厉害！

丙：我的梦，更美妙，
我梦见自己上了军校。
各门功课呱呱叫，
毕业时，我还弄到了一顶博士帽儿！

众：（白）想多美呀！

丁：我梦见自己入了党，
名字上了光荣榜。
还是司令亲自颁的奖呢！

众：（白）什么奖啊？

丁：什么奖，不好说，
反正跟赵秀玲雷敏差不多！

合：（白）“十大忠诚卫士”呀！
到后来，我们当兵的梦想得实现，
来到了总部通信站。
可是没想到，自从进了总机房，
这心里边儿，就好像秋后的天气渐渐凉！

甲：想当初，刚刚当上话务员儿，
心想一定很好玩儿。
红灯儿闪，绿灯儿亮，
电话铃儿，清脆悦耳把歌儿唱。
风不吹，雨不淋，
轻松自在累不着人。
闲来无事进趟城，
“欧莱雅”买它两大瓶儿，
隔三差五美美容！

乙：（白）别美了！
想得挺像那么回事儿，
实际情况不对劲儿。
自从当上话务员，
琐碎事情就没个完。
记用户，背代号，
又乏味来又枯燥。
敲键盘，练指法，
练得整天直犯傻。
明明是个台灯罩儿，
愣把它当成大檐帽儿；
拿着香波去洗头，
抹了一脑袋色拉油！

丙：心一烦，神就慌，
工作起来就紧张。
首长要的是食堂办，
我给听成了国务院；

有位用户要接平顶山，

差一点儿，我没给他转到吐鲁番！

众：（白）啊?!

丁：业务差点儿还好办，

不熟可以加紧练。

最要命，就是管理太严格，

规章制度不灵活。

众：（白）那能灵活吗？

丁：大锅饭，大锅菜，

厨师手艺不算赖。

可是再好也不如自己家，

众：（白）怎么呢？

丁：两三天，吃不上一顿基围虾！

众：（白）那玩意儿能天天吃吗？

甲：下了班，回宿舍，

越思越想越难过。

你们说，新兵老兵都是兵，

为什么，人家的业务练那么精？

众：（白）为什么？

甲：老班长，比我才大俩月半，

为什么，人家早就当了模范了？

众：（白）为什么？

甲：老队长，平时看不出很特别，

为什么，人家门门儿功夫都那么绝？

众：（白）为什么？

甲：老主任，模样儿长得那么随便，

为什么，人家却做出了大贡献？

合：（白）为什么？

甲：（白）是我问你们还是你们问我啊？

乙：咱们通信站，不愧是个好集体，
思想作风没得比。
团结友爱树新风，
老兵处处爱新兵。

丙：教思想，教业务，
教文化，教技术，
教质量，教速度，
新兵天天有进步。

丁：站领导，更可亲，
为基层建设操碎了心，
把个小站弄得暖如春！

甲：榜样的力量大无穷，
带领着全站同志奔前程。

乙：现如今，不同啦，
我们新兵个个都行啦。
服役态度端正啦，
大小工作主动啦。

丙：手和脑，不笨啦，
夜里值班不困啦。

丁：会说了，会干啦，
人人能独当一面啦。

合：我们的梦想真的实现啦！
大家都成了模范啦！

甲：各位首长和战友，

乙：欢迎您，到咱们站里走一走。

丙：走一走，转一转，

丁：里里外外看一看。

甲：看看咱们的俱乐部，

乙：看看咱们的材料库；

丙：看看咱们的擒敌术，

丁：看看咱们的上下铺。

甲：看完了宿舍看机房，

然后直接奔饭堂。

众：（白）还管饭哪？

甲：同志们，大家一个也不能走，

众：（白）干什么？

甲：咱们食堂今天吃“热狗”！

众：（白）嗨！

（与王平娟合作）

——为武警总部通信站基层文艺汇演创作

原载2002年1月19日《人民武警报》

三峡壮歌（数来宝）

合：公元二〇〇三年，
水电战线捷报传。
三峡工程谱新篇，
永久船闸，巍然矗立在天地间！
水电兵，战天斗地献青春，
他们出生入死、排除万难、敢打必胜为修建船闸立了功勋！
甲：水电兵，英雄的故事一传开，
我激动得俩眼直发呆。
多少个夜晚难入睡，
对照你，觉得自己好惭愧！
英雄啊，问你的地址问不到，
打你的手机是空号儿。
我找你找了许多天，
没想到，相逢就在一瞬间！
（白）你好哇，英雄！
（与乙紧紧拥抱，乙挣脱，甲复拥抱）
乙：（白）呃，怎么回事儿您这是？
甲：同志们，你们可能还不知道，
这个人，是咱武警部队的大骄傲！
乙：（白）我干什么了就值得骄傲！

甲：你十八岁当了水电兵，

三年立了两次功。

入伍当年就入了党，

部队上下名声响。

乙：（白）那是我吗？

甲：（白）没错儿！

记者把你来宣传，

作家找你搞访谈；

电视上，你跟倪萍脸对脸儿，

真给咱们水电部队添了彩儿！

乙：对！咱们水电官兵修船闸，

千军万马战三峡。

坛子岭，到处都是棒小伙儿，

你找的那人他不是我。

甲：（白）就是你！

永久船闸一开工，

你就跟随部队向前冲。

你肩上扛着两块小红板儿，

浓眉大眼娃娃脸儿。

你开一辆自卸大卡车，

个头儿跟轮胎差不多！

乙：（白）我呀！

甲：你开着卡车运渣土，

多拉快跑猛如虎。

装完了卸，卸完了装，

一年就拉了十万方！

乙：说到这儿，您先等会儿，

确实有那么一回事儿。

只不过，你张冠李戴胡乱扯，

你说的那人他不是我。

甲：（白）噢，不是你呀？

乙：（白）不是！

甲：嗨！我这个人，记性没有忘性强，

想起来了，你有个外号儿“钻机王”！

乙：好么，眨眼间我就改了行！

甲：坛子岭，高高耸立大江边，

放眼四周全是山。

要劈开大山修船闸，

钻机自然是“大拿”。

钻机手，任务重，

上了工地不要命！

噪声大，强度高，

没点儿精神吃不消。

什么玄武岩，花岗岩，

你一钻就是好几年。

首长夸你真能干，

战友夸你是模范；

对象千里写信来，

乙：（白）她怎么夸我？

甲：“撒由那拉咕嘟儿白！”

乙：（白）为什么呀？

甲：你们俩，早就说好要拜堂，

可是你，把婚期推得无限长。
人家等你等到树叶儿黄，
盼你盼得心底儿凉，
她哪知道，你到底安的啥心肠？

乙：说到这儿，您先等会儿，
确实有那么一回事儿。
只不过，你张冠李戴胡乱扯，
你说的那人又不是我。

甲：（白）噢，又不是你呀？

乙：（白）不是！

甲：嗨！说着说着串了门儿，
想起来了，你们俩不是一个人儿！

乙：（白）多新鲜！

甲：他抱着钻机打炮眼儿，
你对着山体打锚杆儿。
他打的炮眼是炮眼儿，
你打的锚杆儿是锚杆儿；
锚杆儿不能进炮眼儿，
炮眼儿里不能放锚杆儿！

乙：（白）好嘛，绕口令儿！

甲：打锚杆儿，穿锚索，
数你工作最忘我。
你用肩扛，用手扳，
血汗浸透衣和衫。
你把水电战士一腔情，
献给了，这震惊世界的大工程！

乙：为了“四化”早实现，
咱们水电兵，理应做出大贡献。
甲：八月十五月亮圆，
十里船闸捷报传。
西江石壁变了模样，
巫山云雨改了方向，
高峡平湖梦成真，
大三峡，脱胎换骨气象新！
水电官兵齐欢呼，
中秋夜，你却躲开大家偷偷地哭。
乙：（白）我哭什么呀？
甲：你会战船闸整三年，
三年从未把家还。
你的老母亲，身患重病住医院，
你没能，为她端上一碗热汤面！
老人家，临终之前把你的名字喊，
可是到了儿没能把你看一眼！
手捧着奖章你热泪流，
遥望着故乡三叩头：
“娘！男儿尽忠难尽孝，
国家的事情最重要！
船闸会战一结束，
儿就回家去扫墓。
儿要采世上最美的花，
献给您，含辛茹苦的老人家！”
乙：说到这儿，您先等会儿，

确实有那么一回事儿。
只不过，你张冠李戴胡乱扯，
你说的那人他不是我！
甲：（白）噢，这也不是你呀？
乙：（白）不是我！
甲：（白）嗨！这回我真地想起来了！
你是一位机械兵，
技术过硬业务精。
乙：（白）我干得还挺全乎！
甲：大型机械那么多种，
拉过来哪样你都能整。
你手里眼里全有活儿，
年年评比当劳模。
谁成想，就是这么一位英雄汉，
却累倒在船闸施工第一线！
乙：听他这话音儿不太对，
看起来，我得有个坏准备。
（白）那我后来怎么样了？
甲：虽然你从此再也没站起，
可你将永远活在我们心里！
乙：（白）哎，我这就过去了！
说到这儿，你先等会儿，
确实有那么一回事儿。
合：只不过，你张冠李戴胡乱扯，
你说的那人他不是我！
甲：（白）还不是你呀？

乙：（白）废话，是我我还能站在这儿吗！
甲：（白）那你说他是谁？
乙：三峡工地走一走，
您会发现，英雄模范处处有。
他们是将军，是士兵，
是老兵，是新兵，
是男兵，是女兵，
是英雄的水电众官兵！
合：对！是英雄的水电众官兵！
甲：水电兵，鏖战三峡整十年，
威震长江美名传。
他们就像小花默默开，
春夏秋冬永不衰。
乙：不斗艳，不争荣，
奉献着执著与忠诚！
甲：他们参加了世纪大会战！
乙：他们完成了世纪大演练！
甲：他们经受了世纪大考验！
乙：他们引起了世纪大震撼！
合：他们挥汗洒血谱壮歌，
创造出，中国军人赤胆忠心、降龙伏虎、名垂青史的新传说！
永久船闸树丰碑，
她将与日月同光辉。
永久的辉煌照人寰，
恩泽华夏千万年！

2004 年 7 月 30 日创作

——中央电视台“心连心”艺术团赴三峡慰问晚会演出

走过风雨是辉煌（群口快板）

甲：走上台，四下瞅，
嚯！来了那么多好朋友！
既然来了就别忙走，
我请大家去喝酒。

乙：（白）喝什么酒哇！
你以为这是在你们家，
有钱就能随便儿花？

甲：不喝酒，就吃饭，
每人来碗阳春面。

丙：所里的伙食非常好，
大家吃得特别饱。

甲：酒不喝，饭不尝，
我请您抽支“芙蓉王”。（掏烟状）

丁：你这人毛病可真多，
见面儿就要请吃喝。
言谈举止透着俗，
我看你一定有所图！

众：（白）你说你到底想干什么？

甲：其实我就问一句话，

众：（白）什么话？

甲：你们哪位学问大？

众：我们的学问都挺大，
有什么事情您说话。

甲：比如说，我们家经济不太好，
收入的钞票实在少。
有一天，忽然看见很多钱，
可是要想得到特别难。
各位给我支支招儿，
碰见这事儿怎么开销？

乙：你拿着改锥掂着刀，
用不着动手他自己掏！

甲：（白）噢，抢啊！

乙：大惊小怪搞什么搞？
钱到手里赶紧跑哇！

甲：再比如，有一个朋友做买卖，
别人欠了他许多债。
登门要钱不开门儿，
想打官司找不着人儿。
朋友急得团团转，
遇到这事儿该咋办？

丙：你约几个哥们儿设一个套儿，
引那个小子往里跳。
弄根儿细绳儿捆上他手，
再找块儿抹布堵上他口。
然后给他家留个言，
你就说，不想收尸就拿钱！

甲：再比如，我不缺吃穿不缺花，
可就是，心里烦得像猫抓。
拳头发痒脑袋大，
一天到晚想打架！
丁：想打就打，想杀就杀，
管它是天王老子爹和妈！
宁可不要这条命，
也别让自己憋出病！
甲：看起来，你们的学问确实大，
大得让人都害怕！
这哪是帮我出主意，
分明要送我进监狱！
乙：你别烦恼，别急躁，
这是跟你开玩笑！
实际上，因为当初不懂法，
咱们都这么犯过傻。
甲：（白）噢，你们也是这么进来的？
众：（白）可不是嘛！
丙：做了坏事儿伤了人，
从此就进了大铁门！
噩梦醒来是早晨，
才发觉自己实在浑！
丁：好后悔，好羞愧，
稀里糊涂犯了罪。
爸爸的叹息妈妈的泪，
啥时候想起来都心碎！

甲：当初刚进少管所，
见了队长就想躲。
怕遭羞辱怕挨揍，
提心吊胆真难受。

众：（白）后来呢？

甲：通过学习和改造，
思想逐渐开了窍。
细观察，多留心，
我发现，管教干部挺可亲。
不骂不打不体罚，
不发脾气不找茬儿，
待咱就像自己的娃！

乙：我在家里是独苗，
娇生惯养特别淘。
突然进了管教所，
我是又着急来又上火。
不吃不喝也不睡，
就盼着有瓶儿敌敌畏！

众：（白）您可想开点儿！

乙：队长找我来谈心，
深入浅出话语真。
掏心掏肺一席话，
说得我，两行泪珠腮边挂。
下决心，从此再不瞎胡闹，
一定努力来改造！

丙：您说到这儿，我插一句，

我比你俩都可气。
今天我说腰腿疼，
明天说肚里长了虫。
不打开水不刷碗，
不出早操不洗脸，
还撺掇别人“压铺板”！
众；（白）你就等着挨收拾吧！
乙：我们所长可不像你，
他的话，点点滴滴像春雨。
他亲自来到我面前，
问伤问病问暖寒。
严肃之中透着和蔼，
说得我，满面羞愧头难抬。
他谈人生，谈理想，
鼓励我，告别昨天再成长！
丁：看起来，你们的情况比我好，
我就像一棵无根儿草。
自从犯事儿离开家，
我就再没有见过爹和妈。
众：（白）真可怜！
丁：有一回，我得了病，
躺在床上不想动。
好几天，我才迷迷糊糊睁开眼，
突然间，我看到一张好熟的脸！
我激动得两眼闪泪花，
扑上前去喊了声“妈”——

（白）“妈……”

众：（白）你妈终于看你来了！

丁：我喊罢了妈，看仔细，

她不是我妈是书记。

众：（白）书记呀！

丁：书记在我床头站，

手捧着一碗龙须面。

桌子上，放着一个大蛋糕，

十五根红红的蜡烛正燃烧。

我热血沸腾眼含泪，

猛想起，今天我正好十五岁！

众：（唱）祝你生日快乐！祝你生日快乐！

祝你生日快乐！祝你生日快乐……

丁：十五年，我虽然有家却没温暖，

十五年，我父母双全却没人管！，

如今我成了少年犯，

他们谁也不来把我看！

悲伤绝望心发凉，

我吞过刀片儿撞过墙啊！

要不是，这么多好人把我救，

我的骨头一准都生了锈！

众：（白）还真是这么回事儿！

书记你，也有孩子也有家，

为什么，你却更像我们的妈？

所长你，身着警服那么威严，

为什么，我们见到你总觉心里甜？

队长们，你们谁家没有本难念的经，
为什么，工作一刻也不放松？
甲：为了扶正，我们这些个歪脖儿树，
你们忘记了，自家的苗圃也该呵护；
为了使我们走正路，
有谁知，你们错过了多少大财富！
乙：你们就像小花默默开，
春夏秋冬永不衰。
不斗艳，不争荣，
奉献着爱心与真情！
丙：如果说，没有你们来管教，
我敢肯定，自己将来还会走条邪道儿；
如果说，没有你们付出的爱和情，
我这辈子都不如一条虫！
丁：学员们，我提议大家一起来，
面向观众站成排。
一鞠躬，感谢我们的好书记，
祝愿她，身体健康、家庭幸福、工作生活都顺利！
甲：再鞠躬，感谢我们的好所长，
祝愿他，带领全所开拓进取，年年都上光荣榜！
乙：三鞠躬，感谢各位好管教，
我们决心，洗心革面、遵纪守法、认真学习和改造！
丙：我们要自爱，我们要自强，
昂起头，挺胸膛，
人生的道路万里长，
走过风雨是辉煌！

合：对！我们要自爱，我们要自强，
昂起头，挺胸膛，
人生的道路万里长，
走过风雨是辉煌！

2004年8月20日创作于上海松江
——上海市少年管教所晚会演出

我爱我家（群口快板）

甲：走上台，问声好，
哥儿几个来得都挺早啊！
众：您早！
甲：我想问大家一句话，
众：（白）什么话？
甲：你们几位，顶数谁的家庭大？
乙：你要问这，我先说，
我们家，面积又大人又多。
大卧室，大阳台，
大窗户前后两长排；
大客厅大得都奇怪，
完全能搞排球赛；
有茶室，有书斋，
厨房厕所两分开！
众：（白）多新鲜！不分开它串味儿！
丙：我们家没有你们家牛儿，
就住个三层小洋楼儿。
两个饭厅仨车库，
房间里空着好多铺。
什么背投空调对讲机，

唯一的缺点没电梯！

丁：你们两位确实酷，

不像我，家有多大没个数。

院墙砌得傻又宽，

能圈的全都往里圈。

房前圈进个打麦场，

屋后圈进个养鱼塘；

什么抽水井，变压器，

还圈进去一块儿西瓜地！

众：（白）真够大的！

甲：听你们说话儿我直想乐，

那么点儿家当还敢充阔？！

我们家，大大小小十几座楼，

我见人都觉着矮半头！

多少个房间说不全，

反正是，光保安能编两个连！

众：（白）啊？！

甲：我们家，最大的特点军人多，

少说能集合半火车！

有将军，有士兵，

扛着肩牌儿戴着星儿；

他们身上穿着橄榄绿，

又威武来又神气！

众：（白）你说的这是你们家呀？

甲：你要是不信跟我走，

我领您到咱家大门口。

瞧！墙上挂着金牌匾，
“远大路 22”——这几个大字多抢眼（哪）！
众：（白）嗨！说了半天是咱们小区呀！
甲：小区就是个大家庭，
家的氛围特别浓。
我就说小区是我家，
你们谁有意见也白搭！
众：（白）谁有意见啦?!
乙：提起小区我先说，
我的感受比你们多。
咱小区环境特别好，
又有鲜花又有草儿；
海棠青，月季红，
枝繁叶茂数梧桐；
松柏苍翠柳成行，
银杏发芽叶儿嫩黄。
您站在高处望西山，
峰峦叠嶂接云天。
山连山，岭连岭，
天儿好了能看到河北省！
丙：环境美，人心热，
小区的住户都不错。
首长们革命许多年，
要求自己特别严。
论官职，许多都比咱们市长大，
可他们，见人不笑不说话。

丁：众家属，更可亲，
朝夕相处情意真。
尊老爱幼讲文明，
邻里和睦乐融融。
对物业人员很尊重，
配合工作最主动。
甲：勤查表，早交费，
落实规章很到位；
上班下楼不空手，
拎着垃圾往外走。
事情不大意义深，
举手之劳见人心。
乙：咱们小区紧邻远大路，
百分之百的新住户。
基础建设摊子大，
需要认真来规划。
总部首长很关心，
考察审计拨资金。
把个小区建得挺精巧，
让人看了忘不了。
丙：同志们，我提议，咱们代表员工和领导，
向各位首长、全体家属鞠躬致意问声好！
丁：咱们中科物业众员工，
神圣的使命记心中。
双手培育文明花，
下决心，争当社区好管家！
合：双手培育文明花，

争当社区好管家！

甲：您家里塞了下水管儿，

您墙上坏了插线板儿；

乙：您的电视闪烁雪花点儿，

您的窗纱出现窟窿眼儿；

丙：您厨房里打不着燃气灶儿，

您走廊里憋了电灯泡儿；

丁：您装修买回来原材料儿，

您的汽车被堵上不了道儿……

甲：有什么难事儿您只管讲，

我们保证立马到现场。

乙：如有拖延与怠慢，

您找咱们领导提意见。

扣发奖金还不算，

严重的，要送到公司去备案！

丙：干好了，您用不着夸，

因为咱们是一家。

家人有事家人帮，

我爱我家理应当。

合：对！家人有事家人帮，

我爱我家理应当！

民要富，国要强，

家和事兴天地长。

愿大家，爱家庭，爱社区，讲文明，树新风，

协作精神大发扬，

把家园建得更辉煌！

2004 年 9 月 10 日创作于北京

光荣属于谁（群口快板）

人物：发射场系统代表，简称“发”；
　　　测控系统代表，简称“测”；
　　　航天员系统代表，简称“航”；
　　　着陆场系统代表，简称“收”；
　　　火箭系统代表，简称“箭”；
　　　飞船系统代表，简称“飞”；
　　　航天应用系统代表，简称“用”。

【注：二人或三人同说时为“众”；四人齐说时为“合”。】

发：十月的天空万里晴！

测：十月的大地喜气浓！

航：十月的太阳特别红！

收：十月的月亮分外明！

箭：十月里，全中国的豪情在燃烧，

飞：十月里，全世界的目光大聚焦！

用：金色的十月捷报传，

合：“神舟”六号成功发射、顺利返回、英雄双飞、巡游九天奏凯旋！

收：葡萄美酒夜光杯，
喜迎“神六”鼓乐催。

把酒放歌话飞天，
激动的话语有万千——
“神舟”六号，出征太空班师回，
你们说，这光荣，首先应该属于谁？

测： 嗨！这个问题我来讲，
要是说对了，各位给我鼓鼓掌！

众：（白）没问题！

测： 要我说，它首先应该属于发射场！

发：（白）哎，这可不对！怎么着就属于我们了？

测： 你别谦虚，别推让，
发射官兵实在棒。

箭： 为把“神六”送上天，
你们做出的贡献不一般。

航： 各工序，各环节，
你们计划周密想得绝。

飞： 细微处，毫厘间，
在你们眼里都是山！

收： 地面支持你们追求个“强”，
测发工艺你们追求个“良”。

用：“神舟六号”上太空，
发射场立了头一功！

众： 老大哥，了不起，
光荣应该属于你！

发： 各位可别这么说，
其实大家比咱干得多。
如果真要一块儿比，

我觉得，火箭系统了不起！

箭：哎，怎么说着说着变了腔儿，

这个咱们可不敢当啊！

收：（白）您就别谦虚啦！

飞天的梦想要实现，

根本的根本在火箭。

没有火箭往上推，

那些飞船卫星拿嘴吹呀！

发：像什么，运载能力怎么提高？

航：赫兹震动怎么减消？

测：遥测图像怎么回传？

飞：逃逸装置，怎么样点火儿最安全……

用：为送“神六”上太空，

有谁知，你们熬灭了多少长明灯！

收：火箭腾空的一瞬间，

惊天动地好壮观！

英雄双飞鹏翼展，

让整个世界都开了眼，

你们第一时间就露了脸！

众：火箭系统了不起，

光荣应该属于你！

箭：听了各位一番话，

只觉得脸上火辣辣。

真要是大家一块儿论高低，

我觉得，测控应该排第一！

测：哎，怎么说着说着变了调儿，

这事儿可不敢开玩笑！

箭：从陆地，到海洋，

测控的同志最繁忙。

飞：精测妙控显神通，

把宇宙攥在手掌中！

大口径光学记录仪，

记录着，你们创造的惊喜与神奇！

航：最突出的是“远望”号，

劈波斩浪过赤道。

用：什么“西风带”“魔鬼海”，

全都挡不住，你们三大洋上展风采！

发：二号船，是代表，

战绩辉煌作风好。

收：胡主席，亲授“功勋测量船”，

鼓舞着测控官兵勇向前！

众：测控的同志了不起，

光荣应该属于你！

测：（白）哎，这不合适啊！

真要论应该把谁排在前，

我觉得，头一个系统是航天员！

航：哎，你说着说着改了味儿，

别拿我们瞎整事儿啊！

测：（白）咋叫整事儿呢！

第一代中国航天员，

战斗在载人航天最前沿。

箭：作风过硬技术高，

你们把党的嘱托、国家使命、民族期望、人民信任一肩挑！

众：你们创造的奇迹惊全球，
真正让咱们中国人，
在世界面前昂起了头！
航天员系统了不起，
光荣应该属于你！

航：各位的称赞不敢当，
说得我心里直发慌。
如果您听我一句话，
咱们应该，选飞船系统当老大！

飞：这话题儿跑得也忒有点儿快，
您怎么尽往沟里边儿带呀？

航：飞天梦，要想圆，
核心的核心是飞船。
飞船质量的好与坏，
关系到，航天事业的成与败。

发：飞船系统聚精英，
争分夺秒把关攻。

测：为了适应，两人多日太空游，
技术上，“神六”比“神五”高了一筹！

收：安全可靠不用说，
飞船姿态控制精度较之以往强得多。

箭：反正是，有很多专业术语很深奥，
外人一般不知道。
我这儿费了半天嘴，
您听了照样儿一脑袋水！

一句话：你们研制的飞船超一流儿，
真正让，咱们中国航天姓了“牛”！

众： 飞船系统了不起，
光荣应该属于你！

飞： 航天首先要讲安全，
飞船系统，理所当然要造好船。
分内的事儿不用提，
我觉得，航天应用最神奇！

发：（白）对！
宇宙空间，要和平开发与利用，
应用系统，所占的分量特别重。

测： 什么光谱仪，遥感器，
什么空间生命微重力……
体系繁杂载荷多，
还有些，因为保密不能说。

收： 规模大，领域宽，
技术要求高精尖。

飞： 为了造福全天下，
你们做出的贡献实在大！

众： 应用系统了不起，
光荣应该属于你！

用：（白）别价！
真要是让我来打分，
我认为，着陆场应该当冠军！

收： 哎，说着说着走了板儿，
这话讲得可不在点儿。

“航天”主要讲的是“天”，
咱们地面儿上的事情很一般。

箭：着陆场系统很特别，
藏龙卧虎多豪杰。

飞：乍一看，就像满地的无名花，
细打听，好多人都是大专家。

航：航天工程，就像一个惊叹号，
哪个部分都重要。

发：我们好比，惊叹号上半部分那根棍儿，
你们着陆场，就是下半部分那颗坠儿！

众：如果你们不到位，
我们站得再直也白费！

用：你们用青春热血和理想，
建了个最棒的飞船回归港，
被党中央，授予“功勋着陆场”。

众：着陆场系统了不起，
光荣应该属于你！

收：（白）哎，这可不行！
航天是个大工程，
它需要方方面面大协同。
七大系统一起上，
把崭新的局面来开创。
为了让中国航天更辉煌，
有多少人，在挥汗洒血日夜忙。
中国航天捷报传，
她靠的是，全国军民密切的配合与支援！

合：（白）对！

中国航天捷报传，

她靠的是，全国军民密切的配合与支援！

合：八一军旗放光明，

陆海空天，团结战斗筑长城。

筑长城，为和平，

中华民族共享伟大与光荣！

筑长城，为和平，

中华民族共享伟大与光荣！

2005年8月15日创作于酒泉—北京

——总装备部、中央电视台“神六”晚会演出

北京时间（快板书）

咱们武警部队警种多，
各警种，分工细致又严格。
黄金部队负责给国家找金矿，
水电兵筑坝修闸改山河；
交通部队铺路架桥保通畅，
森林警察（他是）舍生忘死降火魔。
咱们内卫武警是一大块儿，
担负的勤务特别多。
像什么首脑机关使领馆，
科研重地看守所；
桥梁、隧道、码头、空港和车站，
还有那处突反恐、城市武装来巡逻……
一句话，排除掉专业警种的勤务外，
剩下的，由咱们内卫全兜着！
武警部队，勤务繁忙责任重，
但是岗位光荣、使命神圣、心中的自豪没法说！
因此上我是一门心思要当武警，
到橄榄绿方阵来集合。
可没成想，穿上军装到了部队，
这颗心，从前胸一下凉到俩脚脖儿！

站在哨位四下瞅，
嘿！这个地方儿，跟我二舅他们家差不多：
也是那山，也是那树，
也是那连绵起伏的黄土坡；
不远处也是庄稼地，
地里边儿，也种那土豆儿玉米大萝卜！
最特别的是咱们执行的那个勤务，
别说我以前没见过，
就连你恐怕也从来没听说！
（白）那位问了：你到底当的是什么兵呀？
（白）什么兵？守时兵！
说白了，就是为时间来站岗，
胸挺着、头昂着、枪端着、眼睁着、一天天、一年年，
守着时间过生活！
唉！您说这时间算个啥东西？
是供人参观还是让人摸？
是圆的？是方的？
是成条儿成块儿还是成坨儿？
是怕人偷？是怕人抢？
还是怕有人贪污挪用贩卖走私到外国？
这时间有什么好守的，
它整个就是个空家伙（嘛）！
可我们队长不这么讲，
他说咱们守时兵，是光荣神圣得了不得！
只因为，咱们看守的时间和普通的时间不一样，
（白）她叫“北京时间”！

“北京时间”知道吗？她代表着北京和中国！
“北京时间”？“北京时间”应该在北京，
跑到咱们陕西干什么？
（白）嗨！这你就不懂了！
只因为，咱们中国的大地原点在陕西，
从这里发布的时间最精确。
我们守卫的就是发布北京时间的“时间城”，
四十年前，周恩来总理亲自批准来建设。
（白）“刚才最后一响，是北京时间十一点整。”
每天每时都是从这儿往世界来发播。
时间城的核心设备叫铯原子钟，
这家伙神得可了不得！
据说是三十亿年误差不到一秒钟，
精确程度那真是用人间的话语难述说！
有人说啦：嗨，一个钟表，要那么准确干什么？
这年头儿，干什么事儿不都是大概也许差不多嘛！
说这种话，您算是碰着我脾气好了，
要是碰上咱们队长，
他恨不得揪掉你俩耳朵！
（白）“差不多？”
照你说开火车可以不看表，
开飞机，全都靠瞅着太阳瞎估摸；
做手术，就凭着看星星月亮听鸡儿叫，
上班的，下班的，上学的，放学的，
全都跟赶集放羊差不多！
最热闹，莫过于火箭卫星发射场，

专家们说出的话语都可乐：
（白）“张总，点火吧?’”“再等等，老李。”“还等啥呀?”
“等那树影儿再往前挪一挪!”
（白）嗨！这都什么事儿呀！
您说说，时间不准能行吗?
真那样儿，这个世界还不乱成了粥一锅呀！
同志们，您千万别怪咱们队长说话不好听，
皆因为，“时间城”在他心中的位置很独特。
为了守好“时间城”，
有谁知，守时兵克服的困难有几多?
强干扰，强辐射，
最难对付的是电磁波。
它能让鸽子山鸡飞迷了路，
它能让黄鼠狼野兔儿找不着窝。
新战士睡觉就更甭提了，
经常折腾到半夜多。
一会儿睡，一会儿醒，
一会儿又把胡话说。
睡着的大都在做噩梦，
醒着的，来来回回地上厕所！
（白）多闹得慌呀！
即便如此，没有人喊过一声苦，
他们喉咙里，吼出的全都是军歌！
那一次，“神舟”飞船即将上太空，
“时间城”突然着了火。
官兵们奋不顾身去扑救，

却把生死一边儿搁。
保证了北京时间分分秒秒无影响，
保证了神舟飞船顺利升空渡银河！
全中队荣立集体三等功，
大喜报金光闪闪把眼夺。
同志们自豪的同时没忘记，
肩上的担子更沉重，
眼前的高山更巍峨。
还有多少除夕的灯火等咱守，
还有多少中秋的圆月等咱托；
还有多少生日的红烛等咱点，
还有多少庆功的美酒等咱喝！
这一切的一切，都在“北京时间”里，
连起来，就是我们生命的河。
我们守时兵，虽然没到过北京城，
但为“北京时间”来站岗，
就等于，北京装在咱心窝。
站在哨所往北京，
心坎儿上，时时刻刻都有一个大中国！

（与石昊明合作）

2005 年 8 月创作于西安—北京

大河丰碑（群口快板）

甲：祖国西北青海省，
地域辽阔好风景。
格拉丹东长江源，
冰清玉洁透着庄严。
乙：夏日里，气温高，
暖风吹得冰雪消。
戈壁转眼成了泽国，
细流汇成个通天河。
丙：通天河，一路唱，
摇摇摆摆出了青藏。
过了高原，进了峡谷，
“小绵羊”变成了“大猛虎”！
通天河改名儿“金沙江”，
谁敢挡道儿谁遭殃！
丁：那个时候，乌蒙凉山是亲哥儿俩，
常牵着手儿一起耍。
就因为，金沙江来了没买账，
才落得，手足分离隔江望！
一个江右，一个江左，
到如今，它们提起这事儿还上火（呢）！

甲：这金沙江，还不解气儿，
动不动地就发邪劲儿。
波浪卷，大水冲，
玩儿罢了滑坡闹岩崩。
毁田毁路毁山林，
不知道吞噬了多少人！
乙：党中央，国务院，
展宏图，绘长卷。
决心治理金沙江，
要让山河换新装！
筑坝修闸建水库，
这其中，就有咱们溪洛渡。
丙：首都北京号令传，
水电大军齐动员。
中国三峡总公司，
运筹谋划巧组织。
选精兵，派强将，
金沙江畔扎营帐。
丁：溪洛渡，一个普普通通的小山村，
突然间，牵动了川滇两省万人心！
金沙江，默默空流了数千载，
从此将把面貌改！
雷波永善两个小城，
一夜之间出了大名！
甲：为了修这个大电站，
多少领导礼贤下士、广开言路、科学论证、民主集中作决断？

乙：为了修这个大电站，

多少专家风餐露宿、废寝忘食、呕心沥血、勘察设计连轴转？

丙：为了修这个大电站，

多少支队伍厉兵秣马、摩拳擦掌、过关斩将、披挂出征来会战？

丁：为了修这个大电站，

多少百姓胸怀大局、通情达理、无怨无悔、慷慨悲歌做奉献？

甲：四川省，雷波县，

乙：云南省，永善县，

丙：动员起人民千百万。

丁：面向着坝区表心愿

合：脚下绝不越红线！

口中绝不提条件！

他们抛泪洒酒别祖先，

异地他乡把家安，

深情大义重如山，

一片真心可对天！

甲：歌声响，彩旗飞，

溪洛渡前战鼓催。

乙：水电大军逞英雄，

兵进金沙锁蛟龙！

丙：一支支队伍多么神勇！

一个个军容多么严整！

丁：千百万人一条心，

千百万人一个声音：

合：拦腰截断金沙江，

誓叫那，西南大地换新装！

拦腰截断金沙江，

誓叫那，西南大地换新装！

甲：溪洛渡，不愧是国家大工程，

设计思想特鲜明。

乙：坚持科学发展观，

一切的一切为明天。

丙：修电站，改山河，

为人民，为祖国，

为子子孙孙的好生活！

丁：为子孙，为后代，

溪洛渡，首先关注的是生态：

一砂一石不乱挖，

一枝一叶不乱掐；

一鸟一雀不乱抓，

一禽一兽不乱杀！

溪洛渡，大江截流喜讯传，

靠的是水电大军、当地政府、移民群众、武警官兵、上上下下、里里外外、四面八方、台前幕后无私奉献、密切的配合与支援！

合：溪洛渡，大江截流喜讯传，

靠的是水电大军、当地政府、移民群众、武警官兵、上上下下、里里外外、四面八方、台前幕后无私奉献、密切的配合与支援！

甲：铁锤镰刀放光辉，

乙：十七大精神壮军威。

丙：科学发展树丰碑，

丁：中国水电展翅飞！

甲：五星红旗放光芒，

乙：一往无前不迷航。

丙：中国水电美名扬，

丁：金沙江畔铸辉煌！

合：中国水电美名扬，

金沙江畔铸辉煌！

2007年11月23日创作于昭通—北京

将星璀璨军旗红（群口快板）

合：八一军旗迎风飘，
　　嘹亮的战歌冲云霄。
　　军队建设迈大步，
　　咱们国防大学，发展变化最显著！
甲：八十年前狼烟起，
　　“红四军”教导队，诞生在江西深山里。
　　第一所红校初建成，
　　相伴血火风雨行。
　　八十年，历尽千辛与万苦，
　　小军校，变成了最高军事大学府！
乙：几代国家领导人，
　　亲切的关怀似甘霖。
　　谆谆的教诲记心间，
　　咱们“国大”一步一重天！
丙：创造了多少新纪录，
　　跨越了多少新高度；
　　求出了多少未知数，
　　充实了多少资料库；
　　竖起了多少擎天柱，
　　积累了多少大财富！

丁：八十年风，八十年雨，

呕心沥血育桃李。

为开创，中国军事新天地，

他们一代一代大接力！

甲：小树苗，一茬茬长成了栋梁材，

乙：小战士，一个个扛起了将军牌儿；

丙：学员们，一拨拨登上了领奖台，

丁：老师们，却一天一天地头变白！

甲：国防大学，中国将军的大摇篮，

乙：军事学术的大论坛；

丙：军委总部的智囊团，

丁：未来战争，探索研究的破冰船！

甲：学校国防研究系，

神圣的使命牢牢记。

面向世界想未来，

下决心，要登上国际战略大舞台！

乙：基本系，乍听这名字很平常，

造就的可都是好栋梁！

军兵种，大军区，

基本系，毕业的学员一大批！

丙：进修系，修业修学又修身，

观念知识大更新。

真金不怕烈火炼，

历经天磨出好剑！

丁：研究生院，敢打硬仗能吃苦，

培养的全是下山虎！

防务学院，为和平友谊写春秋，
桃李飘香五大洲！

甲：学校党委和领导，
对武警部队特别好。
专门开设了武警班，
培养出一大批好警官！
我们代表，武警部队众官兵，
向学校首长、专家、教授、各位老师鞠一躬！

乙：名将办校育将才，
名师治学出王牌。
将军讲课将军听，
将军指挥将军冲；
将军融入将军中，
好一群叱咤风云的将军兵！
将星璀璨军旗红，
人民军队所向披靡打得赢！

丙：校党委，人心齐，
运筹帷幄统全局。
为学校建设操碎了心，
把个校园弄得暖如春。

丁：训练部，政治部，
校务部，科研部，
还有咱们六个教研部……
他们树新风，走新路，
高效率，高速度，
全力为教学科研来服务！

甲：管理教育出新招，
文化生活大提高。
站在校园四下望，
到处都是好景象。
乙：艳阳照，暖风吹，
满园芬芳入心扉。
有彩塑，有浮雕，
艺术水平特别高。
塑得逼真雕得细，
全都透着英雄气！
丙：实验室，教学楼，
摩肩接踵比个头儿。
有的躲在树丛里，
有的映在霓虹里；
有的绕在青藤里，
全都像建在画屏里！
丁：树荫下，花丛中，
曲径回廊四处通；
游泳馆，设施全，
又练功夫又休闲；
有木马，有秋千，
单杠双杠任你翻。
要不是有俩流动岗，
您准以为进了游乐场！
甲：新世纪，新使命，
校党委，更觉肩头责任重。

乙：共和国，武装力量要发展，
必须把，目光放得更深远！
丙：目光深远计议长，
咱们国防大学，明天必将更辉煌！
合：目光深远计议长，
咱们国防大学，明天必将更辉煌！

2008 年 5 月 12 日创作于北京

祝福明天（群口快板）

甲：改革开放谱新歌，

乙：神州大地喜事儿多。

丙：万里河山换新貌，

丁：伟大祖国，又是一年春意闹！

合：咱们一起走上台，

恭喜大家新年如意、开门见喜、一帆风顺、阖家团圆、心想事成好运来！

甲：公元二〇〇八年，

走过的道路不平凡。

奥运之年喜气多，

咱们分局，保卫奥运奏凯歌。

奏凯歌，传捷报，

全局上下齐欢笑。

乙：分局党委一班人，

团结协作“弹钢琴”。

抓中心，把方向，

全面建设“噌噌”地上！

丙：办公室，管得全，

不愧是党委的智囊团。

合理调配巧运筹，

作战调研创一流！

乙：政治处，新风树，

宣传教育选干部。

着力培养后备军，

为队伍建设操碎了心。

丙：装财处，佳话传，

服务基层上前沿，

克千辛，排万难，

为咱分局弄了不少钱！

丁：分局纪委、督察队，

自律精神最可贵。

以身作则正警风，

防腐倡廉敲警钟。

纠警察，管警察，

更多的是用心“暖”警察！

甲：法制处，警务处，

科技信息通讯处；

内保处，预审处，

高校处，人口处，

全力为基层来服务。

乙：他们严把办案质量关，

他们努力掌握高精尖；

他们顺藤摸瓜挖“害虫”，

他们用血肉之躯筑长城，

他们让楼群庭院、机关企业、社区校园，

和谐温馨暖融融！

丙：出入境管理处，
星光闪烁最夺目。
办证大厅创最佳，
窗口盛开姊妹花。
谱新歌，倡文明，
警花更比百花红！
丁：机关开动了火车头，
基层个个争上游。
显奇能，出新招儿，
夺冠称雄领风骚。
甲：看守所，拘留所，
那里的弟兄最忘我。
职责使命重如山，
特殊岗位写新篇！
乙：刑侦支队武艺强，
侦查破案全内行，
尽职尽责更尽心，
不愧是，打击犯罪的主力军！
丙：猎豹的警觉雄鹰的眼，
巡警支队最果敢！
造就英模出标兵，
它是街头犯罪的大克星！
丁：国保支队很特别，
全都是隐姓埋名的真豪杰！
甲：治安支队很优秀，
能吃苦，能战斗。

又勤恳，又辛劳，
因此心里也最自豪！
乙：无名花开千万朵，
最红最艳是派出所。
他们最繁忙，最艰险，
事无巨细什么都管。
丙：什么翻墙的，劫道儿的，
溜门儿撬锁绑票儿的；
碰瓷儿的，下套儿的，
不年不节放炮的；
丁：什么马路当间儿闹酒的，
两口子掐架出走的；
冲人家裤腰伸手的，
没办执照养狗的……
甲：中关村，万寿路，
香山、上地、永定路，
羊坊店、曙光、双榆树。
他们不断跨越新高度！
乙：花园路，北太平庄，
甘家口、青龙桥、恩济庄，
考验面前响当当；
大钟寺，万寿寺，
全面建设展双翅！
丙：海淀、清河与东升，
西三旗、田村、四季青；
马连洼、西北旺，

个顶个的全都棒！

丁：户籍所，故事多，
治安所，更甭说；
公园、大院、山后所，
工作全都像一团火。
他们惩腐恶，铲毒瘤，
把个队伍练得特别牛！
海淀公安了不起，
堪称人民的好儿女。

甲：二○○八大盘点，
顿觉前方路更远。
二○○九在召唤，
更多的事情在等咱们干。

乙：抓基层，打基础，
要更加刻苦练功夫。
信息化建设要达标，
队伍素质要再提高；
警民团结要再加强，
优良传统要再发扬！

丙：整体防控要做得更好，
对下要精确来指导。
精确指导，精确打击，
战斗正未有穷期。

丁：让我们，在分局党委的领导下，
新征途上大步跨。
坚持科学发展观，

团结战斗向明天。

讲实干、谋自强，

同祝福，明天的海淀更辉煌！

合：讲实干、谋自强，

同祝福，明天的海淀更辉煌！

2008年12月12日创作

——海淀公安分局表彰大会晚会演出

军歌嘹亮战旗红（群口快板）

人物：武警内卫部队代表
　　　武警机动部队代表
　　　武警水电部队代表
　　　武警交通部队代表
　　　武警黄金部队代表
　　　武警森林部队代表
　　　主持人

【注：五人或六人同说时为“众”；七人齐说时为“合”。】

合：月亮走了太阳来，
　　冬天走了春天来；
　　牛年走了虎年来，
　　唱歌儿的走了我们来！

内卫：内卫部队！

机动：机动部队！

水电：水电部队！

交通：交通部队！

黄金：黄金部队！

森林：森林部队！

主持：我们一起走上台，

恭祝各位首长前辈新年愉快、开门见喜、身体健康、阖家幸福、心想事成发大财！

主持：说发财，那是拜年话，
实际上，发财的可能不太大。
咱们武警的职责和使命，
那是维护宪法、打击犯罪、建设国家、服务人民，时刻听中央发号令！
什么开公司，搞经营，
想一想都会觉得脸红！

机动：哎，你这话说得太笼统，
挣钱的事儿，其实咱武警没少整！

主持：（白）啊？

机动：如果您想听我就讲，
有的人，都上了富翁排行榜啦！

众：（白）都谁呀？

机动：头一个儿，我得说水电，
水电部队修电站。
他们劈山筑坝锁蛟龙，
把空流的江水变电能。
带动机器促生产，
产品卖钱促发展。
追追根，溯溯源，
谁敢说咱们武警不挣钱？
如果说，排行榜上见高低，
我认为，水电应该放在第一！
（白）对不对呀同志们？

众:（白）对!

水电: 您这话讲得不太妥，

对不对应该先问我啊!

您真想在富豪榜上排排座儿呀，

叫我说，也该是黄金头一个!

黄金:（白）哎？怎么又改我们了？

水电: 黄金部队找金矿，

常年跋涉在荒野上。

吃的那苦，受的那罪，

多少人听了都落泪啊!

您翻翻辞典上上网，

查一查，这黄金的“金”字怎么样讲?

主持:（白）怎么讲?

水电: “金”就是家底儿“金”就是钱儿，

“金”就是，财政部长的定心丸儿（啊）!

黄金部队排第一，

你们有没有人觉得很委屈（啊)?

众:（白）没有!

黄金:（白）我说各位!

凡事都要看全局，

我觉得，交通才真正是面旗（呢）!

交通:（白）哎？怎么串这儿来啦?

黄金: 战线长，条件差，

交通部队，施工难度特别大。

他们铺路架桥保畅通，

让天下的道路连北京!

有了路，穷变富，
综合国力才上了高速。
叫我说，交通就应该排在榜首，
不服气的您可以走（哇）！

交通：（白）那我可走了啊！
这玩笑开得受不了，
咱们交通做的没那么好！
假如说，您让我穿上灭火服，
驾驶着，红色战车上征途。
斗火魔，降浓烟，
为保卫森林资源写新篇。
您赞扬我，您夸奖我，
我保证，不推不让更不躲！

森林：（白）您不躲我躲！
您说话的艺术实在高，
不知不觉变了目标！
逮着好词儿使劲儿整，
闹半天在夸咱们森警（啊）！

众：（白）夸得好哇！

森林：（白）好啥呀！
各位听我说两句，
伤着哪位您别生气。
咱们警种部队，专业特点都很强，
战斗在祖国建设的主战场。
出了点儿力，流了点儿汗，
天经地义该那么干！

真要是排行榜上论上下，

我觉得，内卫部队才是老大（呢）！

内卫：（白）哎？

说着说着变了味儿，

你可别拿内卫瞎整事儿（哈）！

森林：我说的全都是实情，

内卫部队确实行！

部队就在当地住，

社情民情全有数。

遇到了情况上得早，

看押押解、守卫守护、执勤处突、救灾抢险，

任务完成得快又好！

内卫的贡献特别大，

就他们的付出您给个价儿！

主持：（白）给什么价儿啊？

就这么定：内卫部队排在最前，

谁有意见找我谈！

内卫：（白）我有意见！

无论是，黄金白银和什么"元"，

世界上，最不值钱的就是钱！

要知道，很多个东西买不来，

比如说：忠勇、仁爱，大情怀！

这方面，做得最好，

我认为，机动部队是代表！

机动：（白）这都是怎么了这是？转到我们这儿来啦！

水电：作风过硬装备新，

机动部队是常胜军。
猎豹的速度雄鹰的眼，
救灾作战最果敢！

黄金：抗冰雪，战洪峰，
汶川抢险最先行。
兵进藏区展雄风，
新疆维稳立了头功！
机动部队，谱写的战歌天下传，
这要比，珍石美玉更值钱！

主持：同志们说得都挺好，
可是落（音 là）下的更是不老少（哇）！

众：（白）都落下谁了？

主持：院校呢？兵团呢？
广大的科研人员呢？
随军家属职工呢？
因公伤残的官兵呢？
机关和直属分队呢？
在座的首长前辈呢……？

内卫：补充得好，补充得妙，
这些咱们怎么没想到（呢）！
什么叫核心价值观？
它体现的形式有万千。

机动：对！海军体现在战舰上，
空军体现在银燕上；

水电：总装体现在火箭上，
二炮体现在导弹上。

交通： 装甲兵体现在炮塔上，

通信兵体现在数码上；

森林： 后勤兵体现在装备上，

咱们武警体现在哨位上！

内卫： 运输兵体现在行车上，

炊事兵体现在饭桌上；

机动： 体育兵体现在金牌上，

咱们文艺兵，体现在荧屏银幕舞台上！

合： 一句话，体现在飘扬的军旗上！

体现在——国家富强、社会稳定、民族复兴、百姓安居、经济腾飞的全局上！

2010年1月9日创作于北京

中美十大湖（快板）

闲来无事看地图，
您会惊叹，地球上怎么那么多湖！
湖连着江河湖通着海，
就像那，一颗颗明珠放异彩。
中国大地逛一逛，
五大湖，各显气韵好景象。
巢湖秀，太湖美，
洪泽湖一湖金银水。
洞庭湖，出潇湘，
带着辣味儿就进了长江。
您登上庐山含鄱（音 pō 坡）口，
看鄱阳，一湖碧水似美酒。
惹人醉，令人迷，
云蒸霞蔚好神奇！
中国的湖，都看罢，
您坐上飞机走天下。
第一站先到美利坚，
那里的湖同样不一般——
什么安大略，密歇根，
苏必利尔，湖面最大水最深。

伊利湖，休伦湖，
人间少有天上无。
湖光山色美如画，
它们分属美国加拿大。

大家知道，咱们的地球是圆的，
山水都是相连的。
东半球儿，西半球儿，
中间一根转转轴儿。
亚洲美洲背靠背，
您这边儿起床他那边睡。
要不信，您就从太湖扎猛子，
头冲下，脚冲上，使劲儿挺直脖梗子。
您使劲儿钻，使劲儿拱，
使劲儿扎，使劲儿顶……
穿过湖底睁眼看，
啊？这不是美国西海岸么！

2010年8月19日创作于北京

——中央电视台中美十大湖无锡研讨会晚会播出（大牛【英】表演）

淝河明珠（数来宝）

甲：神州福地安徽省，
气象万千好风景。
北有平原南有山，
丘陵起伏在江淮间。
乙：皖西北，平原上，
有一处风景特别棒——
沟渠纵横碧水流，
沃野长天望不到头。
脚下的泥土出黄金，
她的名字叫“利辛”。
丙：利辛人，提起利辛话就多，
只要你想听他就说。
赔上工夫搭上酒，
话不说够甭想走——
丁：说禅阳寺，说举人坑，
说汝集出了个状元公；
说清音戏，说拉魂腔，
说淮北大鼓怎么风光。
甲：说淝河秀，说茨淮美，
说阜蒙河一河金银水。

什么白洋沟的团鱼西淝河的虾，
阚疃集的板鸡独一家！
乙：说中疃的山羊望疃的牛，
说城关镇的丝网超一流儿。
什么大李集的巴狗儿胡集的猴儿，
能模仿，国家队的臭脚踢足球儿！
丙：利辛地处北温带，
易涝易旱多虫害。
历史上的利辛特别穷，
玩把戏要饭出了名。
丁：早年的县城不大点儿，
小街小巷小门脸儿。
储蓄所里存不着钱，
百姓家里买不起盐。
工业产品更甭说，
最有名儿，是麻袋水桶大铁锅！
甲：改革开放天地变，
利辛越变越好看。
绿油油的禾苗红艳艳的花，
小桥流水百姓家。
双沟湿地蝴蝶泉，
祥隆农庄生态园。
印象江南白鹭洲，
万千美景不胜收！
乙：新农村建设凯歌传，
利辛的乡村换了新颜。

沟塘河湖田林路，
发挥的效益最显著；
农牧副渔工贸商，
广开财源奔小康。
利辛的农民不再苦，
腰里的钱包一个劲儿鼓！
丙：搭大台，唱大戏，
利辛人，透着一股英雄气！
修大路，造大桥，
为引金凤筑大巢。
大商家，大老板，
落户利辛谋发展。
丁：高端产业显神威，
带动着利辛展翅飞。
甲：“华腾”“扬天”显奇能，
乙：“良夫”“浩翔”各称雄。
丙：“恒盛”“阳光”创新高，
丁：“九州天极”领风骚。
合：抢头牌，争老大，
个个都是“巨无霸”！
合：抢头牌，争老大，
个个都是“巨无霸”！
甲：利辛有四张大“名片”，
黑、白、红、绿真好看——
利辛的小麦品质高，
磨成的面粉最畅销。

又滑爽，又细腻，
蒸出的馒头白如玉。
不就菜，不喝汤，
一口气儿能吃半箩筐！
乙：利辛的地面处处春，
利辛的地下处处金！
大矿区，大煤炭，
板集堪称好典范。
坑口建起大电站，
共和国，又将诞生个能源县。
丙：黑白经济做龙头，
利辛再上一层楼。
绿色经济更添彩，
把利辛变成了绿色的海！
绿色的田园绿色的水，
绿色食品味道美。
丁：什么元红枣，土鸡蛋，
青头萝卜紫皮蒜。
小磨油，红薯粉，
龚店春芽，您吃上一回就上瘾！
更有那，烧粑子羊汤地锅鱼。
没这些东西成不了席。
再弄上，半壶古井一盘虾，
保准让您，忘了老婆想不起家！
甲：利辛大地百花红，
革命先烈血染成！

刘家集的陵园路集的碑，
堪与日月同光辉。
英烈浩气千古存，
红色基地育后人。
乙：利辛县委县政府，
把人民当做亲父母。
他们树新风，走新路，
高效率，高速度，
全力为人民来服务。
丙：他们讲党性，正党风，
时时刻刻敲警钟。
反腐败，倡廉洁，
绝不让自己影子斜！
丁：他们研究问题求一个“深”，
他们开创局面求一个“新”；
他们说话办事求一个“真”，
他们对待百姓求一个“亲”。
甲：他们聚贤能，谋发展，
胸怀世界目光远。
乙：他们写新篇，创辉煌，
让利辛人，走遍天下头高昂！
丙：利辛干群一条心，
利辛上下一个声音。
丁：上上下下人心齐，
走活了利辛发展一盘棋！
合：利辛干群一条心，

利辛上下一个声音。
上上下下人心齐，
走活了利辛发展一盘棋！
利辛要是不崛起，
老天爷才真叫不讲理（哪）！
甲：让我们，在省委市委的领导下，
新征途上大步跨。
乙：心连心，手牵手，
迎着太阳朝前走。
把酒放歌喜洋洋，
同祝福，明天的利辛更辉煌！
合：把酒放歌喜洋洋，
同祝福，明天的利辛更辉煌！

2012 年 8 月 13 日创作于北京

那个时候……（对口快板）

甲：打竹板，走上台，
　　恭喜兄弟发大财。

乙：（白）谢谢！

甲：您发了大财，成了大款，
　　怎么着也该露露脸（啦）。

乙：（白）怎么露啊？

甲：您开豪车，穿名牌儿，
　　圈地烧钱建豪宅；
　　包间雅座老板台，
　　大米白面咕嘟儿白！

乙：（白）那我吃什么呀？

甲：燕鲍翅，吃不吃的先要上，
　　人头马，喝不喝的先倒上；
　　交谊舞，会不会的先跳上，
　　鸳鸯浴，洗不洗的先泡上！

乙：（白）我呀？！

甲：体力活儿，别干了，
　　猴儿拳劈叉别练了；
　　红色经典别看了，
　　没钱的亲戚（就）别见了！

乙：（白）我成什么人了！

甲：您腰里装着银行卡，
哪儿好玩就上哪。
什么新马泰，法兰西，
伦敦悉尼洛杉矶；
夏威夷，好望角，
慕尼黑小镇巴厘岛；
阿联酋，加拿大，
您还可以，顺道儿逛逛叙利亚！

乙：（白）不去！我找死啊！
你越说越讲越没谱儿，
听得我心里直发堵！
全社会，都在厉行节约反腐败，
你这是，成心把我往沟儿里带（呀）！

甲：刚才是跟您开个玩笑，
其实社会上，专有人爱整这一套。
仗着兜儿里有俩钱儿，
没什么东西不敢玩儿！
讲享受，图虚名，
挥金如土脸不红，
还盘算着，去香港救济李嘉诚（呢）！

乙：（白）嗨！

甲：你说说，这种奢靡之风若不刹，
早晚不得害了国家？

乙：对！党中央，反腐倡廉正世风，
厉行节约敲警钟。

解放军，四总部，
把那法纪法规来颁布。
武警部队，红头儿文件发到基层，
咱们必须认真来执行。
甲：对，咱要认真读，认真看，
如何落实最关键。
我觉得，要让大家都清醒，
首先不能忘了传统。
传统教育走在前，
引导大家，时不时地想想当年。
乙：想当年，闹翻身，
扛着梭镖当红军。
那个时候，官兵一律穿草鞋，
那个时候，干部全都没级别；
那个时候，队伍宿营睡荒野，
干粮袋儿，谁官儿最大谁的最瘪！
忍着饥寒去打仗，
那个时候，没有人知道“麻辣烫”！
甲：想当年，打东洋，
全靠百姓们筹军粮。
单鞋夹袄免裆裤，
军装全是老粗布。
那个时候，你找不着一个“将军肚儿”！
房东的半碗野菜粥，
胜过今天的“楼外楼”（哇）！
乙：想当年，求解放，

独轮车，“吱吱扭扭”“吱吱扭扭”伴着军歌一路唱。
老百姓，勒紧裤带去支前，
卸下门板当战船，
才有那百万雄师下江南！
雄师劲旅扫残敌，
迎来了，天安门前飘红旗！
甲：那个时候，为了国家的大建设，
多少人，挥汗洒血却忍着饥饿。
那个时候，领袖的衣服带补丁，
那个时候，人民军队出了雷锋；
那个时候，南京路走来“好八连”，
那个时候，勤俭的故事讲不完！
乙：大改革，大开放，
军营处处变了模样。
不缺物质不差钱儿，
也让有些人，松了勤俭这根弦儿。
甲：眼高了，嘴刁了，
说话办事儿发飘了；
房大了，车有了，
两条腿，什么路都不想再走了；
血稠了，眼肿了，
三十出头儿谢顶了！
乙：好生活，好环境，
惯出了脾气养出了病！
似这样，部队如何拉得动？
战场上如何打得胜？

拉不动，打不胜，

你说说，国家养咱有什么用?!

甲：你讲得对，讲得好，

所以说，勤俭是咱们的传家宝！

别以为，“节约”是一个老话题，

啥时候说它都不多余。

军队要想打胜仗，

一分钱，也必须花在点子上！

甲：讲原则，讲效益，

经费需求讲程序。

严预算，严审批，

立足中心保急需。

乙：物资采购责任大，

买入支出要按计划。

严管控，严组织，

决不许，公家的钱物姓了私！

甲：平日里，不必要的会议少开点儿，

喊口号的镜头少拍点儿；

楼堂馆所少盖点儿，

公费出国少派点儿；

乙：车辆配备标准点儿，

银行开户收紧点儿；

现金使用谨慎点儿，

结算报销，主管要经常过问点儿。

甲：餐桌上功夫多下点儿，

反浪费的力度加大点儿；

节约的话题多讲点儿，

节约的事情多想点儿；

乙：监督机制健全点儿，

惩处违纪从严点儿；

先进的典型多树点儿，

突出的，建议提拔到总部点儿！

合：一句话：勤俭的观念增强点儿，

咱们部队，斗志将会更加昂扬点儿！

2013 年 7 月 18 日创作于北京

——武警总部财务部晚会演出

走进新时代（音乐快板）

人民首都北京城，
张灯结彩喜气浓。
万紫千红美如画，
伟大的中国共产党，
在北京召开了十九大！

十九大，展现历史大担当，
选举出新的党中央。
新中央，新统帅，
把中国领进了新时代！
神州再唱《东方红》，
中国出了个习近平！

从十八大，到十九大，
中国发生了大变化。
反腐倡廉正党风，
打虎拍蝇不放松。
国民经济大发展，
老百姓的感受最明显。
建起和谐大家园，

人民活得有了尊严——
看得起病，读得起书，
北上广深买得起屋。
养得起老，供得起小，
戴得起镶钻罗马表。
办得起厂，雇得起工，
垫得起鼻子隆得起胸。
玩得起车，旅得起游，
逛得起，巴黎伦敦阿联酋。

想从前，中国就像台大吉普，
遭人挤兑被人堵。
左别右撞前后夹，
使绊子找茬儿都玩出了花儿！
没成想，这台车突然就加了油，
瞬间变成了子弹头！
马力大，速度高，
见前面有车一门儿超！
超得那，某些个国家直瞪眼：
（白）哎，怎么回事儿？
这么快的速度没人管哪？
（白）谁管得了啊！

中国速度令人惊，
真正是东风压了西风！
什么无人机，互联网，

火箭卫星都不用讲！
中国“天眼”，落户贵州，
浩瀚宇宙一“眼”收；
蛟龙号，歼 20，
轰六 K，万里蓝天任飞行。
空间站，大飞机，
高铁在全球排第一。
航空母舰，“嘀哩吐噜”下了水，
开到那东海南海去捉鬼。
量子墨子中微子，
改写了人类通信史。
中国“飞龙”上了太空，
遥感成像超高清。
什么肯尼迪，横须贺，
星州郡关岛苏比克。
大到航母小到狗，
看得清，夏威夷的螃蟹横着走！
中国的“北斗”更有派，
陆地海洋全覆盖。
您要是用它来导航，
能把你，带进家门领上床！

综合国力大提高，
中华民族挺起了腰。
大风景儿，大场面儿，
培养出我们的国际范儿。

大国防，大外交，
咱们不战而胜有绝招。
大思路，大手笔，
大中国，给世界带来了大惊喜；
构建命运共同体，
中国的贡献谁能比?!
自贸区，亚投行，
“一带一路”，连接起五洲三大洋！

习主席，十九大报告绘新图，
语重心长细叮嘱：
中国走进新时代，
机遇挑战都存在。
要听到，唱衰的嗓门儿还在喊，
要看到，分裂的闹剧还在演。
大国崛起路很长，
咱们一定要，步伐稳健忌匆忙。
缓称盛世不自夸，
人人都做实干家。
多照镜子勤洗脸，
要知道，歌舞升平最危险！

让我们，紧跟着新的党中央，
昂首阔步向前方。
携手同心齐行动，
实现伟大的“中国梦”。

再撸袖子再拼搏，
建设一个——民族团结、政治清明、平等法治、百姓安居、环境优美、兵强马壮的大中国！

2017年10月30日创作

——原载2017年11月26日《人民武警报》

2017年第11期《北京民防》

2019年第2期《曲艺》杂志

祝福大上海（音乐快板）

甲：滚滚长江万古流，

一路向东不回头。

乙：经过了九曲十八拐，

一头扑进了东洋海！

丙：海为母，江为父，

合力创造新大陆。

丁：她们造出的陆地很有名，

百年前，就诞生了一座不夜城。

合：这座城，五光十色放异彩，

她就是，咱们美丽的家园大上海！

甲：百年上海百年路，

经历的苦难无其数。

乙：五星红旗，自从插到了上海滩，

这片土地就换了新天。

丙：改革开放四十载，

造就出，一个现代化的新上海。

丁：老树嫩枝新花开，

让世界看得直发呆——

甲：上海的城铁怎么那么快！

上海的小伙儿怎么那么帅！

乙：上海的楼房怎么那么高！

上海的姑娘怎么那么娇！

丙：上海的道路怎么那么长！

上海的港口怎么那么忙！

丁：上海人的穿戴怎么那么洋！

上海的棒冰……它怎么那么凉（啊）！

甲：上海大地走一走，

真像是喝了陈年酒。

人也醉，情也醉，

溜达三天觉不着累。

乙：您首先游一游黄浦江，

看看两岸的好风光。

然后再逛逛南京路，

瞅一瞅上海怎么样的酷！

丙：上海市，市政建设高标准，

始终讲究人为本。

人性化，智能化，

取得的进步特别大。

丁：改革开放，一步一步在深入，

全中国都上了高速路。

上海一直做龙头，

创造出，无数个世界第一流！

甲：工业商业自称雄，

旅游服务显其能。

进出口贸易创新高，

技术研发领风骚。

乙：多元文化大融合，
上海总是先行者；
城市科技大创新，
上海堪称主力军；
丙：社区建设塑形象，
上海做得特别棒；
城乡互动谋发展，
上海的目光最深远！
丁：抓绿化，促环保，
上海的生态特别好。
屋顶建起小花园，
您观景赏花不收钱！
甲：高速高铁磁悬浮，
随时修改着交通图。
虹桥枢纽航空港，
国内国外名声响。
乙：浦江水道气象新，
一江好水万船金。
交通实现了立体化，
地铁、公交、高架、水运、合纵连横、无缝链接、四通八达、安全快速流量大！
丙：上海市，地理位置很特殊，
堪称江海一明珠。
杭嘉湖，苏锡常，
南京南通镇泰扬……
穿金针，走金线，

长三角，串起一条金项链，
把个上海装扮得更好看。

丁：上海的四季特分明，
每临新春花便红。
到了夏天，亚热带季风轻轻刮，
阵阵清香入万家。
金秋时节天渐凉，
送走梅雨迎艳阳。
最是隆冬景色美，
雪中上海，更显得挺拔和雄伟！

甲：上海市，大街小巷不染尘，

乙：上海市，男女老少不骂人。

丙：上海市，地面儿上分不出官和民，

丁：上海市，字典里查不出“苦”和“贫”！

甲：最美不过夕阳红，
上海市，尊老敬老最闻名。
细规划，大投入，
重点的重点抓服务。
广大敬老工作者，
舍家忘我建功德。
他们把，无疆大爱谱成歌，
百孝图，在沪上有了新传说。

乙：贵族血统国际范儿，
上海人见过大场面儿！
APEC，世博园，
“上合组织”大论坛；

丙：沪港通，自贸区，

上海时时占着先机。

大上海敞开大胸怀，

喜迎好风八面来！

丁：上海人，创造的生活多美好，

上海年年春来早！

合：上海人，创造的生活多美好，

上海年年春来早！

2018 年 4 月 13 日创作于北京

《琉璃情》（群口快板）

甲：北京西山门头沟，
　　出产的煤炭黑黝黝。
乙：明白人说话就是好玩儿，
　　白色儿的那种叫汤圆儿！
丙：黑黝黝的煤炭亮闪闪，
　　随便瞅瞅都养眼！
丁：不光养眼还养生，
　　有了煤炭好过冬。
　　拢上火，捅开炉，
　　热热乎乎喝一壶！
众：（白）嘿，好！
甲：门头沟的煤炭品质高，
　　烟少火旺特经烧。
　　炒出的菜肴喷喷香，
　　酿出的美酒赛杜康；
　　烧出的砖头四四方，
　　打出的铁器叮零当啷！
众：（白）废话！
甲：有一样东西烧得更好，
　　晶莹剔透赛玛瑙。

这种东西很神奇，
它的名字叫琉璃。
丁：你说的琉璃我知道，
必须用高温来烧造。
直烧得通体全透明，
光亮洁净好晶莹。
吹成瓶儿，做成杯，
可以装酒泡茶煮咖啡。
物美价廉有品位，
唯一的缺点容易碎。
碎了您也别胡乱丢，
插在墙头防小偷儿！
甲：（白）啊呸！
琉璃玻璃都分不清，
您是怎么活过的大半生啊？！
真不懂，您可以问问老前辈（指自己），
启蒙教育不收费！
乙：（白）你呀！
甲：说门头沟，有一个村子叫琉璃渠，
明清那会儿叫琉璃局，
琉璃局专管造琉璃。
众：（白）多新鲜！
甲：琉璃渠的琉璃那是琉璃王，
打从诞生就姓皇。
众：（白）姓黄？
甲：（白）皇帝的皇！

门头沟，琉璃工场是官窑，
顶头上司在当朝。
从设计，到生产，
都由朝廷直接管。
品种规格皇家定，
烧制的产品皇家用。
什么香山寺，颐和园，
故宫太庙社稷坛；
紫光阁，九龙壁，
天安门，飞檐凌空沐着紫气；
琉璃瓦，琉璃脊，
琉璃的瑞兽世间稀。
宫墙宝刹与皇陵，
离开了琉璃建不成。
琉璃渠为啥这么有名？
它是一竿子插到了紫禁城（啊）！

乙：公元一九四九年，
中国开始了新纪元。
天新地新日月新，
古老的琉璃焕了青春。
走出皇宫和神庙，
把那新的辉煌来创造——
高耸的民族文化宫，
被它装扮得好年轻；
巍峨的北京火车站，
被它映衬得好灿烂；

人大会堂纪念堂，
被它点缀得好辉煌！
国博馆，军博馆，
农展馆，美术馆，
五彩的琉璃耀人眼！

丙：感谢二位做科普，
几十年的缺课全给补（了）！
我这里，还有个问题想请教，
琉璃的现状（你们）谁知道？

众：（白）不知道。

丙：不知道，那就请听好，
现如今，咱门头沟的琉璃可遇着烦恼（啦）！

众：（白）怎么了？

丙：新时期，新理念，
环保的话题上了台面。
减排治污限产能，
倒逼着企业大转型。
为了人类都健康，
好多个厂矿要关张。
琉璃厂，琉璃窑，
听说全都贴了封条儿！

众：（白）啊？这怎么行！

丁：（白）是啊！
打从山西进了京城，
琉璃人，七百年风雨一路行。
热血化作炉火红，

烧结出，这悠悠千古琉璃情！
中华瑰宝放异彩，
大国工匠，不屈的精神从未改！
非遗领域拔了头筹，
中国琉璃，名满天下惊全球！
如今突然要关张，
谁心里不觉着堵得慌（啊）！
其他的事情都好办，
这文化传承不能断（哪）！
这传承，就好比你腿上一根筋，
要是弄折了，您走路一准儿很闹心！

丙：可不么，我是一脚浅来一脚深！

乙：琉璃的事情我这样想，
（对丙）辛苦你，代表大家找找市长。
攀攀亲，套套磁，
您就说，您是他从未谋面的三表侄！

丙：（白）干嘛呀？

乙：琉璃的事情这么大，
求咱们表叔说句话：
千千万，万万千，
门头沟的窑厂不能关（哪）！

丙：（白）你可拉倒吧！
如今都到了啥年代，
您还有胆量搞腐败！
构建“命运共同体”，
这里边包括我和你。

只要是，政策对人有好处，
执行就必须讲力度！
市长比你我更着急，
专家都请来了半车皮！
什么换场地，什么煤改气，
什么寻找原料搞代替，
研讨论证那叫一个细！
我感觉，危机里面藏着生机，
琉璃的发展无穷期！

丁：说得好，说得棒，句句都带着正能量！
凤凰之所以称神鸟，
就因为，它涅槃重生经了大考！
琉璃若想更辉煌，
必须要，脱胎换骨再启航！

合：对！再启航，再启航，
新的征途路更长。
沉舟侧畔千帆扬，
争做业内强中强。
敢做强，敢称王，
誓叫那，中国琉璃五洲四海美名扬！

2019 年 11 月 6 日创作于北京

快书类

两头牛（山东快书）

说的是，有个越军上尉叫范归，
急慌忙就把（那个）哨子吹。
“嘟……”然后使劲儿一摆手儿，
那些越南兵，呼呼啦啦往上围。
“弟兄们——请稍息！
（白）稍息！听见了吗？
就是往前伸条腿。
（白）你们看我！
好啦！我现在命令你们装子弹，
装好了就往（那个）膛上推。
任务还是老一套，
十点钟，到国境线那边儿去埋雷！”
这个小子，指手画脚正喊叫，
正北方，一声爆炸浓烟飞。
吓得他连连往后退，
浑身筛糠直颤巍：
（白）“怎……怎么回事儿？”
士兵们惊慌失措正纳闷儿，
打那边，过来了哨兵“条半腿”：
（白）“报告上尉！

中国境内有头牛，
踩响了咱们埋的地雷。”
“牛？”上尉一听来了劲儿，
乐得他又抓头皮又咧嘴：
“弟兄们！咱们炸死了中国一头牛，
今天可捞了个大油水儿！
我命令：三挺机枪来掩护，
其余的人把那爆炸的地区来包围。
要不把炸死的水牛抢回来，
你们全他妈的是乌龟！”
范上尉不干不净正训话，
有一个下士插了嘴：
（白）“报告上尉！
人家中国，警告了咱们好多次了，
俺担心，再去了恐怕不好回！”
（白）“什么？
你别他妈尽说丧气话，
军人就要听指挥！”
（白）“是！”
（白）“哎，对啦！
各位对牛肉可能还不熟悉，
嘿！吃到嘴里香又美！
人家苏联，就喜欢土豆儿烧牛肉，
吃上了它，就到了共产主义（那个）新社会！
再者说，这玩意儿营养价值特别高，
一斤肉，就能提炼出半碗浓咖啡！

真叫人吃了这顿儿想那顿儿，
到最后，弄得你见了牛皮都想吹！”
这个小子，狗带嚼子打完了气儿，
那伙儿越南兵，就像群饿狼奔了正北。
他们抬牛头，扛牛背，
还有的跟着拽牛腿。
越瞧那德性越可恶，
说不清，他们是像强盗是像贼！
这伙儿人，跌跌爬爬进了碉堡，
那个范上尉，望着个死牛只嘿嘿：
“嘿……瞧这头水牛多排场，
个头儿又大膘又肥！
（白）嘿……弟兄们，动手哇！”
越南兵，嘁哩咔嚓动起了手，
剥牛捡柴又烧水。
牛肉刚煮到七成熟，
他们一哄来了个大包围。
你啃头，他啃腿，
那个范上尉，控制了所有的牛杂碎。
他们一个个吃得正带劲儿，
打那边，又来了哨兵“条半腿”：
（白）“报告上尉！
中国境内有头牛……”
“牛？”上尉闻听一挑眉：
“弟兄们！也该着咱他妈今天走牛运，
这好事儿全都赶一堆（啦）！

我命令，三挺机枪来掩护，
其余的人……”
（白）“不……报告上尉！……还，还活着！”
（白）“混蛋！你他妈盼着我死呀？”
（白）“不是！
这头牛，它还活着往这儿走，
现在已经过了界碑。”
（白）“啊？活着过来啦？太好啦！
弟兄们，我去向中国那边儿提抗议，
你们快去把牛追！”
说完话，这小子来到国境线，
站在那里面向北，
摇晃着脑袋抖索着腿，
两条胳膊替换着挥：
（白）“中国那边听着：
你们的牛把我们越南来侵略，
我表示强烈的抗议和反对。
告诉你们，别看咱们越南不大点儿，
可它就像一只小刺猬，
滚遍天下无敌手，
在这世界上，没发现俺们怕过谁！
敢打吗？要是敢打咱们就打，
越南人赌博从来不怕赔。
咱们的饭桶总理有精神，
谁死了给谁长薪水！”
这小子嚎叫了半天没人理，

分蚊子（山东快书小段儿）

说的是，某省某县某个地方，
有一个小镇闹嚷嚷。
小镇上有个大车店，
客房里，住着个旅客大老王。
大老王，吃罢晚饭洗了个澡，
躺在床上就进了梦乡。
老王他迷迷糊糊刚入睡，
就觉着浑身直痒痒。
老王睁眼留神看，
我娘哎，一群蚊子正在盘旋俯冲练飞翔（呢）！
大老王仔细数了一数，
十二只，不多不少正成双。
老王心说受不了！
一比十二，俺的实力没它强（啊）！
（白）敌众我寡呀！
正想着，门外走进来人一个，
原来是，又来了位旅客大老梁。
老王一见心欢喜，
拉着老梁开了腔：
“兄弟你真是及时雨，

这回可帮了哥哥的忙（了）”
（白）“怎么呢大哥？”
“这屋里有蚊子十二只，
原来都叮在俺身上。
你来啦，咱哥俩一人分六个，
有缘分，好事儿自然共分享。”
（白）老梁心说，俺就分享这个呀？
这一来，大老王觉着舒服多了，
一半的蚊子奔了老梁。
说话间，门口又进来人一个，
原来是，第三位旅客大老黄。
老王一见心欢喜，
拉着老黄开了腔：
“兄弟你真是及时雨，
这回可帮了哥哥的忙。”
（白）“怎么呢大哥？”
“这屋里有蚊子十二只，
原来都叮在俺身上。
你梁哥一来减了半，
一人六只很相当。
想不到，紧跟着兄弟你就来了，
你这时机把握得真漂亮！
常言说有缘千里来相会，
遇见好事儿，自然是大家共分享！
这十二只蚊子分三份，
一人四只，谁客气谁是驴板肠！”

（白）老黄心说，我招谁惹谁了？
这一来，老王老梁都高兴了，
幸福感，一波一波地涌心房。
正这时，服务员敲门走进来，
冲着三位开了腔：
“各位老板，打扰了，
这位先生他姓唐。
皆因为，咱们的床位不富裕，
挤挤吧，挤挤吧，人多不会闷得慌！”
屋里边，三个人不但没生气，
还一起欢迎大老唐：
“兄弟你真是及时雨啊，
这回可帮了哥们儿的忙（了）！
十二个蚊子分四份，
每人仨，不用争来不用抢！”
（白）“哎……”老唐说：“谁抢这个呀！”
四个人，说着说着就犯了困，
拉灭了电灯躺在了床。
迷迷糊糊刚要睡，
房门外，忽然进来个白胖胖。
旅游鞋，太阳帽儿，
手里提着个拉杆箱。
（白）大老王一看：“嗯？怎么又来一个呀？”
老梁倒说“来得好哇，
总省得蚊多肉少咬得慌。”
老王说“不是那么回事儿，

难题出在数学上。
你想啊，这十二只蚊子五个人分，
用什么办法能分光?”
老王话音还没落，
（白）“啪！啪！”
白胖子，照着自己就两巴掌！
两巴掌打出两片血，
两只蚊子见了阎王。
大老王一看咧开了嘴：
（白）“行了！胖兄弟，
你的数学比俺强。
这十二减二除以五，
一个人，俩蚊子，没亏没巧没商量。
（白）好了，睡觉！”
大家说睡觉还没睡，
（白）“啪！啪！”
白胖子，又打了自己两巴掌。
两巴掌打出两片血，
又两只蚊子见了阎王。
这一下可就炸了锅了，
大老王，手指着胖子开了腔：
“我说你这人怎么回事儿，
不整出点麻烦急得慌呀?”
（白）“我，我怎么了?”
老梁说：“什么怎么了，
你这人做事太荒唐。

八只蚊子五个人分，
最起码，有三个蚊子得开膛！
（白）这还得劈开了分哪？”
老黄倒说：“甭废话，
让他走！他走了一切都正常。
八只蚊子四个人，
仍然是，一人两只很相当。
（白）走吧！走吧！”
四个人，只有老唐没说话，
一伸手，拎起胖子的拉杆箱。
又是推，又是搡，
把胖子轰到了走廊上。
“嘭”地一声关上了门，
大家伙儿，哈欠连天爬上了床。

2013年4月18日创作于北京

关机之后

——根据网络故事改编（山东快书小段儿）

刘科长，关掉了手机兜儿里装，
顺手点了根儿“芙蓉王”。
吐了个烟圈儿圆又大，
飘飘悠悠随风扬。
“烦死了，整天价不是你找就是他找，
忙得他妈蛋子儿摇铃铛！
实际上，一点儿正事儿都没有，
无非是开会发言念文章；
聊天喝酒打麻将，
商量着，怎么样组团儿炒楼房……
俺今天就把手机关了它，
让那帮龟孙急得慌！
说不准，等明天一早开了机，
还会有好事儿一大桩。
比如说，刚买的彩票中了大奖，
一夜变成了冯小刚！”
刘科长想到此处微微笑，
出门直奔洗澡堂儿。
宽衣解带跳下水，

一个人享受好时光。
泡了蒸，蒸了泡，
捏完了脖子摁脊梁。
心情舒畅时间短，
转眼之间到了晚上。
刘科长离开澡堂往家走，
嘴里边哼哼唧唧唱着二黄：
“这一封书信来得巧，
天助黄忠成功劳……”
忽听得，自家门口闹嚷嚷。
（白）怎么回事儿？
原来是，刘科长失联一整天，
可让家人着了慌。
老太太犯了心脏病，
老头儿中风躺在了床。
他老婆感觉事儿不好，
忙找纪委谈思想。
先交代了，非法所得二百万，
又坦白出，北上广深九套房。
说这些都是她干的，
抓老刘实在太冤枉！
刘科长几位老上级，
一起到有关部门去退赃。
虽说是，攻守同盟订得挺好，
天知道，这年头儿，谁是狗来谁是狼啊！
刘科长知道了这个情况，

"啪！啪！啪！"给了他自己三巴掌：
我他妈干的这叫什么混蛋事儿啊？
这个手机关得真窝囊！

2018年11月26日创作于北京

评书类

撤离海湾（微型评书）

听！飞机在吼叫，坦克在轰鸣，枪声阵阵，炮声隆隆……海湾石油王国科威特笼罩在一片战争的阴云之中。中国政府指示我驻科威特使馆，迅速撤离滞留海湾的五千中国劳工。看！一支庞大的车队，以五星红旗为先导，离开科威特首都科威特城开过来了！

车队在茫茫沙海之中艰难地向北行进着。突然，一辆吉普车驶出行列，一个紧急制动，靠边儿停了下来。车门开处，只见一位干瘦老头儿一把就把年轻司机从车上推了下去，然后掉转车头，一踩油门儿，“呜——”汽车沿着来时的方向疾驰而去。那年轻司机急得原地磨了仨圈儿，转体一千零八十度，跺脚大叫：“头儿！咳！”

怎么回事儿？原来，那干瘦老头儿名叫魏民，是一个跨过鸭绿江的老党员、老革命，在科威特中国劳工中数他岁数最大，同时，他也是这次撤离行动的负责人之一。那位年轻的司机名叫小马。刚才，老魏从无线对讲机里接到巡察人员报告，青工梁柏武等三人乘坐的一辆小车不见了！老魏一听就急了：“小马，你上后面的车，我回去找找！”司机小马不干，同时提醒老魏：“头儿，咱们可都出来千把里路了呀！”“那也得找，决不能让一个人掉队！”小马嘟嘟囔囔：“就你心眼儿好！那梁柏武对您什么样儿？骂你是老绝户，说你是卖狗皮膏药的！在国内有一次他赌钱受了您的批评，心怀不满，就把您的眼镜片儿涂成一个黄色儿一个蓝色儿，还管您叫波斯猫儿，还……”“行了！小小年纪别尽学着记仇儿！现在是什么时候儿？什么地方儿？我是一个党员，一个长辈！”“可您是头儿，您不能为了三两个人丢开大伙儿呀！”“这你放心，出发时我们不是成立了临时党组织吗？我不在，还有别人。”“那也不行！要回我回，我年轻！”“傻蛋！正因为年轻，你们都年轻，才要早点儿回家，牵挂你们的人多啊！我老伴儿过世了，又没有子女，早一天晚一天回有什么要紧！”“反正，反正我不让您回去！”“你……”老头儿火了！一把夺过方向盘，于是就出现了刚才开头儿的一幕。望着老魏驱车远去，一位跟随我们队伍一同撤离的台湾员工感慨万端：“瞧你们这头儿，多好哇！再看我们那头儿，扔下我们一百三十多号人，自求多福去了！要不是大陆同胞相救，我们还不知道会怎么样呢！”

放下车队继续前进不表，再说老魏单人独车原路返回，他是边走边瞅，边开边踅摸。在这难民如蚁的茫茫沙海之中，要找三两个人，那简直就是大海捞针！可老魏决心下定，不找回梁柏武他们，我这把老骨头就撂这沙漠里不要了！就这样不知道走了多久，终于在离原出发地科威特城不远的地方，老魏发现了几个熟悉的身影，夹杂在徒步逃难的人群中踉踉跄跄地晃动。身影虽说熟悉，然而面目全非！三人个个是满脸沙尘，衣衫褴褛。老魏高喊一声：“小梁！梁柏武！”梁柏武听到喊声，先是一惊，然后不顾一切地向走下车来的老魏扑来，一头扎在老魏怀里，放声大哭。老魏也禁不住落下泪来，四个人紧紧地抱成一团！

“你们怎么搞的？”

“我们的车出了毛病，停下来修理，车没修好，大队走远了。”

“都怪我工作没有做好，让你们受苦了！”

“不，老魏大叔！”梁柏武第一次这么称呼老魏，“是我对不起您！平时，我对你们党员都是斜着眼看，处处挑刺儿找别扭，想不到危难之际……”“小梁，你说哪去了！别说我是个党员，就算我不是党员，咱总还是中国人吧！咱中国人有中国人的为人之道啊！五〇年在朝鲜打仗，我掉进了雪窟窿，是我们指导员找了一天一夜找回来的。为了我，指导员受了重伤，后来，残废了……好啦，咱们走吧，去追赶大队！”

于是，一个左边用汉字写着“中国”、右边用英文写着“CHINA”的庞大车队，又向着茫茫沙海前进了。等待着他们的，是正东方向八千公里之外的祖国亲人！

1992年2月创作于北京

目标，正前方（评书）

一九九二年三月十六日，北京，首都国际机场。

三个中国小伙子带着手枪就上了飞机了！他们途经日本东京转机到了加拿大多伦多，正准备再转机飞往墨西哥城，可刚到安检这儿，“咔”地一下儿给截住了：“Sorry Please！（对不起，请!）”加拿大安检把领头儿的那位请到了一边儿。

这三位是什么人？行色匆匆，带枪出国，坐飞机，倒飞机，倒了飞机还倒飞机，他们这是干吗去呀？这三位呀，是中国人民武装警察部队特种警察学校的特警队员。刚才被请到一边去的那位是教练兼领队，叫包顺心；这边儿两位，一个叫雷鸣，东北人，一个叫叶青，上海人。三个人这是代表中国，应邀参加在墨西哥城举办的第一届世界警察射击比赛。按照日程，明天报到，后天比赛，时间本来就够紧的，可如今才走到半道儿，就出麻烦了。眼瞅到墨西哥城的班机“呜……”发动了引擎就要起飞了，这“头儿”怎么还没说完呐？正着急哪，包顺心回来了。雷鸣忙问：“呃，咋回事儿?”“他们说人和枪得分开走，否则不让登机!”叶青急了：“不让登机？我们的持枪手续完全符合国际惯例，北京和东京的安检我们都过来了，怎么到了这里就不行了?”“人家说了，那是你们亚洲，这里是美洲。如果你们坚持要走也行，枪先留下!”“扣枪啊？射击比赛射击比赛，没枪还咋比赛呀?”“人家可不管你那个！我看，咱们必须马上把枪分开处理，赶快走人!”

走？再走哇，走不了啦！为什么？就在他们为枪的事儿交涉这工夫，飞机早已撇下他们，“呜……”冲出跑道，升上了天空！哎呀！这可这么办？时间紧，任务急，身在异国他乡，情况又不熟悉，眼看天儿就要黑了，三个小伙子可真是土地庙着火——慌了神了！

说来也巧，这时旁边过来一位热心肠的华侨，弄明白了发生的事儿，赶紧帮着出主意，说今天到墨西哥城的航班已经没有了，你们不如赶紧绕道温哥华，那儿就有当晚飞往墨西哥城的航班，保险不会误事儿。仨人儿一听，有门儿！谢过华侨，立马办好了转机手续，上了飞机。还别说，这招儿挺好使，虽说绕了点儿，他们总算在第二天一早赶到了墨西哥城！可是，下了飞机这么一打听，坏了！怎么了？人是到地方儿了，可不知哪个环节出了岔儿，这枪没到！没有枪就不能注册，不注册就意味着弃权，那不白来了吗？包顺心赶紧把情况向组委会这么这么一说，组委会马上通过使馆了解枪支问题。这一下啊，又白等了大半天儿，枪的问题没有任何结果！眼看离截止报到时间只有半个钟头儿了，三个人这个着急呀！呃，包顺心这一着急呀，突然迸出个大胆的想法：“干脆，咱们借枪比赛！”雷鸣一听：“啥？借枪比赛？亏你还是玩儿枪的呢！这随便借来的枪能好使吗?”“我知道，使别人的家伙拿成绩，谁心里也没底。可咱们不能再等了，必须借枪，先解决注册问题!”“那……那就借吧!”

工夫不大，枪送来了。仨人儿“唰唰唰”拆开蜡封，擦去黄油这么一看，哎呀嗬！好枪！意大利产的“伯莱塔”，名牌儿！雷鸣说：“枪倒是好枪，可不是自个儿的，使着也不得劲哪!”那是啊！人有男女老少，枪有各种牌号儿。一样的东西一样的名称，虽说都叫枪，可产地不同，枪的大小长短重量性能自然就不同，从心理到器械都得有一个适应的过程。可明天就要比赛了，而且是国际比赛，这刚借来的新枪未经调试抄起来就使，再有经验的射手心里也打怵，差之毫厘，可就失之千里呀！难怪雷鸣要起急呢！中国代表队在截止报到的前两分钟，带枪注册完毕！

按说，枪的问题解决了，仨人儿该松口气儿了吧？不价！刚刚开完领队会的包顺心，又带回了新情况：这里的比赛规则跟咱们训练的完全不一样！叶青一听又急了："顺心，这国际比赛的规则应该是一样的呀！不都是持枪站立，子弹上膛，听到口令，'叭'！瞄准射击吗？""不，这儿的打法很特殊：枪得在枪套儿里装着，手不许挨着枪把儿，听到口令才能掏枪、上子弹、开保险，然后击发。这四个动作，还必须在 1. 5 秒之内完成。这对咱们来说难度最大，根本就没这么练过！而且，全部 24 发子弹必须在 9 秒钟之内打完，以速度的快慢和命中率的高低排名次。还有，射击时枪的高度不得超过胸部，要靠腰部的灵活转动来寻找射击目标！"雷鸣一听，明白了："啊，西部电影里见过，那叫……叫啥'牛仔'打法对不？""没错儿！""哎呀妈呀！出来这一趟啥新鲜事儿全叫咱赶上了！一出门儿就倒腾飞机，半道儿让人把枪给撸了；在加拿大冻了一身鸡皮疙瘩，到墨西哥又捂了一脑袋痱子；二三十个小时眼皮还没合一下儿呢，又是借枪又改打法！包顺心哪包顺心，名儿起得挺好，可你说这一路你顺心吗？你闹心去吧！""嘿嘿……"仨人儿全乐了：得，少发牢骚，入乡就随俗吧！咱们就剩一个晚上了，赶快进入情况，抓紧练习！"是！"这一晚，中国代表队房间的灯光，一直亮到深夜……

第二天上午九点，第一届世界警察射击比赛正式拉开了帷幕！各国选手乘车来到射击场，只见射击场四周是彩旗招展，军乐高奏；两千名肤色各异的观众已经挤满了看台；各国使节、警界同行都来了；评委和工作人员各就各位，整个赛场热烈而庄严！中国代表队头戴锃光瓦亮的钢盔，身着丛林色迷彩，脚登黑色战靴，腰挎“伯莱塔”手枪，精神抖擞整队入场！许多欧美国家的选手也来了，一拉溜儿在那儿等着。等什么呀？等着看首次参加世界警察射击比赛的中国选手都长什么模样儿！按照抽签的顺序，包顺心旁边儿站着个美洲警察，大个儿，又黑又壮，鼻梁儿上架一副墨镜儿，打镜片里边儿斜着眼瞅着包顺心。书中暗表，这黑大个儿，参加这类比赛已经是家常便饭了，拿咱们的话说就是比赛专业户儿，从没把谁放在眼里！他一边玩儿着手里的家伙，一边“嘀里嘟噜嘀里嘟噜”不知在说些什么。不过，那神态包顺心一看就明白了：哼！就你这个儿还当警察呢？我要是高兴喽，一抬手儿能把你从这儿扔巴西去！包顺心也不含糊：怎么着？瞧不起人？别神气！天时地利人和你们全占着，赢了也没劲！我们打地球那头儿跑到这头儿，盹儿没打一个，现在还闹肚子呢，照样儿跟你比！甭牛，咱们枪口上见！

有人说了，这包顺心也挺牛哇！那当然！咱们这三位，可不是一般的警察，那是特警啊！什么叫特警？肩负特殊使命、掌握特殊技能、执行特殊任务、经受特殊考验、特别能战斗的钢铁集体！射击搏击防暴驾驶野外生存特种战术他们哪样儿不练哪？这么跟你说吧，你就是给他们一架飞机，也能给你弄上天去！上了天的歹徒，也能把他拽下地来！他们冬练三九，夏练三伏，练到什么程度你知道吗？俩战友在楼梯口儿那儿打个照面儿，“走！”“走！”“您走！”“您先走！”“您先走！”“您……”怎么这么客气？哪儿呀！腿肚子练得梆硬，心里想走挪不动步儿，互相都让不开道儿哇！这些小伙子，都是从全国武警部队千里挑一筛选出来的佼佼者，用句文词儿那叫凤毛麟角儿，说通俗一点儿就好比是雨后的春笋清明的茶——全都是尖儿！要不能派他们来吗？不白给！可眼下是什么情形儿？长途跋涉，鞍马劳顿，时差颠倒，气候异常，水土不服，语言不通，临阵换枪，规则变样儿，没有一条对咱们有利！尽管如此，包顺心仍然信心百倍，他知道，中国特警的素质，没谁能比得了！您瞅，那太阳也跟着较上劲了，是“日儿日儿”地往上蹿哪！他们身上的汗水也“滋儿滋儿”地往外冒！气温高达四十度！可他们纹丝儿不动，全都立着耳朵瞪着眼睛，只等口令发出，立刻掏枪射击！只听得“预备——咚！”选手们一听全愣了：还没喊开始呢，谁枪走火儿了，这么大动静儿？包顺心扭头儿这么一瞅，哎哟！这黑大个儿怎么趴地下啦？黑眼镜儿摔出老远！噢，还没等把我扔巴西去呢，你先“吧唧”啦！再仔细一看，这黑大个儿是双眼紧闭，虚汗淋漓。准是天儿太热，中暑了！包顺心来不及多想，赶紧过去把黑大个儿扶起来，又是掐“人中”，又是做按摩，又从兜儿里掏出一盒儿清凉油儿，往他太阳穴上这么一抹，呃！黑大个儿慢慢缓过劲儿来了，冲包顺心不好意思地一笑：“谢谢！谢谢！”包顺心一看：“噢，醒啦！醒啦咱们接着比！”

比赛继续进行。只听“预备——叭！”中国代表队三名选手包顺心、雷鸣、叶青，“唰！唰！刷！”迅速掏出手枪，把祖国的尊严、人民的重托、首长的期望和同志们的祝愿，一齐压进枪膛！目标：正前方！闪电般抠动了扳机：“哒哒哒哒哒”我叫你扣枪！“哒哒哒哒哒”我就要比你强！“哒哒哒哒哒”为祖国争光！“哒……”9秒钟之后，电脑显示：中国代表队在规定时间之内提前结束射击，枪枪上靶，比赛成绩名列前茅！现场观众“哗”地一下全站起来了，冲着中国代表队挥手致意，掌声雷动，经久不息！这时候，那黑大个儿也跑过来了，连说带比画忙活了半天。叶青听明白了："顺心，他说他非常感谢你，你的清凉油让他清醒得不得了喂！问咱们能不能再送他一点清凉油，作个纪念。""当然可以！"于是三个人把身上所有的清凉油都掏出来给了黑大个儿。黑大个儿高兴坏了！也从兜儿里掏出一样东西，就是刚才比赛时戴的那副墨镜儿！什么意思呢？他说要把这副墨镜儿送给中国特警队员作个纪念。他今后将佩戴一副新的眼镜儿来看远方的中国，看中国的军人！这正是：革命熔炉炼金刚，中国特警世无双；千难万险无阻挡，目标永远正前方！

（与刘朝合作）

1996 年 4 月 25 日创作于北京

——原载 1996 年 10 月号《曲艺》杂志

导火索正在燃烧……（评书）

公元2004年2月9日，农历大年初一中午十二点零分零秒。

我国东南沿海侨乡，某省某市某镇某幢两层别墅小楼的大客厅里，一个小鼻子小眼睛小脑袋瓜儿、长相酷似一只放大了一百八十多倍的大个儿黄鼠狼的小个子男人，正在给人拜年！

嗯？这人什么模样儿！呃，您别瞅模样儿不怎么的，武装起来也挺威风！瞧，此时的这个“黄鼠狼”男人，脚穿运动鞋，身背炸药包，胸前背后上一道下一道绑着绳子系着带子，左手攥着导火索，右手拿着打火机，瞪着眼撇着嘴，挺着胸脯，正在冲着一位中年男子微笑：“林老板，年，我可是已经给你拜完了，这压岁钱你到底什么时候拿来呀？”

再瞧那位被叫做林老板的人，四十出头儿的年纪，微微发福，已经被五花大绑地捆在沙发上。旁边一个老太太，也被反剪着双手，吓得哆哆嗦嗦坐在地板上发抖。

“兄弟，您别急，电话我已经打过了，您稍等一会儿，可能就快来了。”

“甭废话！现在已经到了最后时刻，反正是没钱就没命，老子要点火儿了！”

说着，“黄鼠狼”“呼”地举起了打火机，大拇指压在点火开关上：“只要老子一摁，你和你的岳母大人就陪老子一起上天！”

“慢！钱来了！”就在这千钧一发的当口，只听一个声音响起。话音刚落，从门外闪进一个人来："姐夫，您受惊了！"来人一转脸儿，冲着"黄鼠狼"："你……你他妈的……这是……打劫！"

没错儿，确实是打劫！

怎么回事儿？

书中暗表，眼前这个长得特像黄鼠狼的男人，是当地一个游手好闲、无恶不作的亡命之徒。因为不干正事儿，所以没有收入。眼看要过年了，他却两手攥空拳。这年怎么过呀？于是，"黄鼠狼"就想起了台商林老板。于是就出现了刚才的一幕。

"姐夫？你……你是他……小舅子？"

"小舅子还有冒充的吗？你他妈不就是要钱吗？给你，把我姐夫和我妈放了！"

"等等！""黄鼠狼"小眼珠儿冲林老板一转："他是你小舅子？"

"啊……（闽南话）细呀细呀。"这林老板嘴上说是，脑子却在飞速地旋转：好面熟，这人谁呀？

"他叫什么名字？"

"他叫……"要是一般人，就这么紧盯着一问，准懵！可林老板就是林老板，生意人的脑子就是好使，他忽然就想起来了，这不是驻地武警部队的石田生石中队长吗？原来，这位台商林老板，为了企业的安全，曾在一年前找到武警中队，他想每年出一笔钱，请中队的战士每天巡逻时顺便到他的厂区转上一转，但是被我们的石田生中队长婉言拒绝了。为此林老板还摇了好半天的脑袋。可今天……林老板突然就明白了：人家拒绝我是遵守纪律，可是真遇见事情……他是来救我的呀！

"他叫石田生！"

“姐夫，给他钱，咱们走，甭跟他废话！”说着，中队长石田生把手中的钱袋儿扔到“黄鼠狼”脚下。这小子一边俩眼直勾勾地盯着石田生，一边弯腰去捡钱袋儿。

“不行！你给我打开，我得瞅瞅真的假的！”

“你自个儿打开！”

这小子拿着钱袋儿，一只手怎么也打不开，死结儿！他刚想拿另一只手过来帮忙，好像忽然明白了什么，突然转脸儿冲老太太一声冷笑：“老太太，你儿子今年多大了？”

“我没儿……”

“嗯？”

老太太本来就吓得不轻，这小子突然发问，她是毫无思想准备，张口就说了实话。

“嘿嘿！你们他妈的跟我玩儿花活！我叫你们和老子一块儿死！”说着，“啪”的一声摁着了打火机，点燃了导火索，“嗤——”

说时迟，那时快，石田生一跃而起，一个饿虎扑食，以迅雷不及掩耳之势，一拳把“黄鼠狼”击倒在地。这小子气急败坏，一个兔子蹬鹰，把石田生揣了个趔趄，然后就地一个驴打滚儿，就滚到了沙发跟前，一伸胳膊，就和那位林老板抱在了一起！

“哎呀，不好！”石田生惊喊一声，上前抱住“黄鼠狼”想往外拖，没想到这小子也豁出去了，抱住林老板是死也不撒手！再看那导火索，“嗤嗤嗤”冒着白烟，自杀式爆炸，即将发生在眨眼之间！

石田生真急了！哎呀！这……这……突然，他急中生智，猛地张开大嘴，对着火星四溅的导火索“咔嚓”就是一口……

“嗤嗤嗤……”火星从石田生嘴里喷出，鲜血顺着他的嘴角流了出来。但石田生全然不顾，把全身的力量都集中到了牙齿上！“嗤嗤”燃烧的导火索，在距离炸药包还剩这么这么这么一点点的时候，如果当时有人喊倒计时的话，那就是：十、九、八、七、六、五、四、三、二……就在这个“二”字上，导火索熄灭了！制造爆炸的亡命之徒束手就擒！

这正是：人民武警世无双。

舍生忘死救台商，

处突反恐传佳话，

卫士神勇震侨乡！

（与朱军合作）

2004年创作于北京

较量（评书）

时间：2009年春节前夕

地点：武警中队俱乐部

人物：评书演员（简称“评”）

战士甲，士官。稳重，冷静，有思想。说普通话（简称“甲”）；

战士乙，上等兵。很烦战士丙话多，但自己又没多少主见。四川口音（简称“乙”）；

战士丙：新兵。天真，脑子活，爱插话。河南口音（简称“丙”）；

众战士若干（简称“众”）。

【舞台上有我们常见的中队俱乐部陈设，后景及景片上方有杨开飞抓捕毒贩的大幅照片。

众战士坐小马扎，呈半圆形将评书演员围起，现场呈连队故事会气氛。

评书演员面前摆放着连队常见的办公桌，桌上有茶缸，既供演员润喉解渴，又代醒木用之。】

评： 英雄传奇好汉歌，

警营书场故事多。

各位首长和战友，

只要您鼓掌咱就说！

（端起茶杯，误作醒木，重重地顿在桌上，杯中茶水溅到手上）话说……

丙：老师，没烫着吧？

评：没事儿，谢谢！

乙：烫到你嘴了？废话！

甲：听老师的！

评：（重新端起茶杯……突然意识到什么，复又轻轻放下）嗯，拍过了！

话说某年某月的某一天，我国大西北，宁夏回族自治区，吴忠市同心县，武警县中队中队长杨开飞，带着一位打扮入时的漂亮女郎，就走进了同心县城的金川宾馆205豪华套间。然后，轻轻地关上了房门……（故意卖关子，端起茶杯饮茶）

【众战士交头接耳，低声议论起来：“怎么回事儿呀？杨队长带一女郎进了宾馆？”“就是，这也太那个了吧？”“怎么可能呢？”“我不相信杨队长是这样的人”“嗨我说你们都瞎操心，说不定那女郎是人家杨队长媳妇呢！”“你可拉倒吧，杨队长媳妇是个本本分分的陕北姑娘，啥时候成‘女狼’了？”……】

丙：编的，一听就是编的！

乙：你懂啥子？朗格叫编啊，人家老师那叫创作！

甲：听老师的！

评：大家的议论我都听到了，别说你们，就当时那个情形，连我都纳闷儿，怎么回事儿？这位杨开飞杨队长又是何许人也？

杨开飞，武警同心县中队中队长，陕北榆林人。二十七八岁的年纪，中等个头儿，不胖不瘦，上身穿一件花格儿皮尔卡丹T恤，下着牛仔裤，脚蹬一双耐克旅游鞋，手里拎着一个沉甸甸的密码箱，“咔！”鼻梁上架一副高级墨镜，嘴角微微上翘，面孔刚毅冷峻，仔细观察，眉宇间隐隐藏着一股杀气！

丙：咦，咋这身打扮呀？

乙：哎呀，莫要说话嘛！

甲：听老师的！

评：这位女郎啊，那可真叫女“狼”！此人姓汤名琼，云南人氏，二十五六岁的年纪虽不算大，但经历却很复杂。她曾在发廊当过小姐，在歌舞厅做过领班。因为爱慕虚荣，喜欢穿着打扮、吃喝玩乐，于是被人引诱，走上了吸毒贩毒的罪恶之路。在一次毒品交易中，被我警方缉毒人员一举抓获。

乙：那这女毒贩子朗格又被放出来了啊？

丙：是啊，还和杨队长在一起？还住宾馆？咋回事儿这是……

甲：别吵吵！听老师的！

评：汤琼落网之后，该当死罪！但经警方审讯发现，在贩毒网络中，她并非重量级人物，身后还有她的上线，大毒枭赵洪奎……为了钓出这个毒枭，警方决定，放出汤琼作为诱饵，调出赵洪奎。为保住性命，汤琼自愿戴罪立功，与警方配合，做警方的“线人”。按照警方安排，杨开飞要扮成一名内蒙古来的买主——刘老板，通过汤琼和赵洪奎取得联系，达到最后交易的目的，届时警方突然出击，抓捕毒贩！

众：（恍然大悟，七嘴八舌）“噢，明白了，杨队长这是化装侦察。”

甲：也叫“卧底”。跟毒贩子斗，就得打进他们内部！

乙：这可有点儿危险！

丙：危险是危险，但挺刺激，好玩儿……

乙：好玩儿？你玩儿一个试试？万一被毒贩子识破，那就麻烦大了！

甲：大家安静！听老师的！

评：说得不错，这一点也正是汤琼最担心的！汤琼既在警方的掌控之中，也在赵洪奎的视野之内。汤琼从警方提供的信息中得知：这位假扮的毒品买家“刘老板”，是宁夏警方从内蒙请来的一位缉毒警察。警察扮买家，他行吗？汤琼暗想：如果被赵洪奎看出破绽，暴露了我的线人身份，我就可能随时被赵洪奎杀掉！话又说回来，如果我不老实配合警方，也可能随时被收监重判，性命同样不保。所以在此之前，我要一次次试探杨开飞是否老练沉稳，靠不靠得住。

杨开飞心里也没底，汤琼虽为保命做了警方的线人，但她毕竟是个犯了死罪的毒贩，内心到底在打什么算盘，却无从知晓。所以这次相约金川宾馆，二人都想摸一摸对方虚实。

汤琼决定当面试探一下这位便衣警察！其目的有二，一是看看杨开飞究竟掌握多少“道儿”上的规矩；二是这个“搭档”面对美色到底反应如何。

“大哥，你好吗？”汤琼未等杨开飞开口，便嗲声嗲气地坐到了杨开飞身旁，一只胳膊顺势就搭在了杨开飞的肩头。“唰！”杨开飞的头发根儿一下子就竖起来了！他蹭地一下从床上蹦了起来：“放肆！”就这一嗓子，把这汤琼吓的差点没从床沿上掉下来。

“汤琼，你听着！我内蒙还有好几个案子在手上压着。你应该很清楚这次机会对你有多重要！如果好好配合，有可能保住你一条小命儿；要是再敢给我耍花招儿，我可就不管这案子了，到时候，你就乖乖回你的死牢，等着吃你的‘花生米儿’！”话音未落，“扑通”，汤琼就跪下了：“大哥，我求求你，你一定得帮我，我一定好好配合，我啥都听你的！”杨开飞看着汤琼，心里像打翻的五味瓶，不知道是个什么滋味。如果不是因为毒品，眼前这个年轻的姑娘，也许此时正在花前月下享受着温馨浪漫的美好人生……可如今，她不但把自己送上了绝路，而且害得多少人妻离子散家破人亡啊！杨开飞心里难受，但为了下一步的行动，他不能在汤琼面前露出丝毫怜悯之情！

在杨开飞的盘问下，汤琼交代了赵洪奎的基本情况——这个赵洪奎，原本是云南大理一个普通农民，怀揣着快速发财的梦想，走上了贩毒的道路，如今已经是云南毒品界一个重量级的人物。此人心狠手辣，诡计多端，具备较强的反侦察能力，而且和汤琼关系暧昧。按照警方的策划，杨开飞将被作为汤琼联系的买家介绍给赵洪奎，然后进行交易。

汤琼离开宾馆。杨开飞把汤琼留给他的手机卡装进自己的另一部手机，静静地等待着。

下午两点左右，电话响了！杨开飞立即打开手机，屏幕上却没有显示对方号码，他意识到，赵洪奎已经到了同心，这是在试探他。杨开飞果断地挂掉了电话。一下午，这个不显示号码的电话打了七八个，杨开飞一个不接！他一来要让对方感觉到他这个买家道行很深，行事谨慎；二来要吊吊那家伙的胃口，让他着急，围着自己转，这样就掌握了主动权。果然不出所料，晚上十一点，赵洪奎终于亲自打来了电话。电话里，杨开飞沉着老练的谈吐问答让赵洪奎出了一口长气，放下了悬着的心。

第二天，赵洪奎的一个马仔如约来到金川宾馆见面验货。杨开飞看罢毒品，突然脸色一变："拨你们老板电话!"马仔赶忙拨通了赵洪奎的电话，然后把手机递给了杨开飞。"我说姓赵的，你他妈什么玩意儿！像这种成色的东西也敢拿来糊弄老子？告诉你，老子过的桥比你走的路都多，要谁哪？"

"刘老板，对不起！对不起！干咱们这行的谁不整天提着脑袋啊！我看出来了，你人没问题！你放心，到时候货的成色绝对差不了！刘老板，明天上午九点，咱们火车站见!"

挂断电话，时间已近午夜，四周安静得没有一点声音。而此时的杨开飞却毫无睡意，他多想在这个时候给妻子打个电话呀！想起妻子高萍，杨开飞不禁鼻子一酸……自从干上了缉毒，不知道这个娇小可爱的陕北姑娘有多少个夜晚在为自己担惊受怕；不知道半夜三更接到过多少恐吓电话；不知道多少回她从噩梦中惊醒，含泪呼唤着自己的名字……杨开飞轻轻地摇了摇头，悄悄擦去在眼眶里打转的泪水。

乙：真没想到，像杨队长这样的英雄也会流泪。

丙：英雄也是人啊！

甲：男儿有泪不轻弹，只是未到动情处啊！

评：第二天上午九点，同心县火车站。中队长杨开飞提着密码箱坐在车站门口的台阶上，等待毒枭赵洪奎。

就在此时，一个意想不到的情况发生了！一辆出租车从远处径直向他驶来。在离他不到二十米的地方，车大灯突然闪了两下，停了下来。杨开飞紧紧盯着这辆车，暗吸一口凉气！怎么回事儿？是赵洪奎告诉我他来了？还是毒贩们闪灯为号，要一齐向我下手？杨开飞正琢磨呢，出租车上走下个人来。杨开飞一看这人，“唰！”全身的汗毛孔一下子全都张开了，一股热浪直冲面门！来者何人？原来是县公安局的一个便衣民警，和杨开飞很熟。

丙：嗨！我还以为是那个大毒贩子呢！自己人啊！

乙：吓死我了！

甲：这一定是警方派来暗中保护杨队长的。

评：一点不错！

众：可那有什么好紧张的啊？

评：要不怎么叫英雄呢！杨开飞想的和你我就不一样！他心说：坏了！这不是给我添乱么！这个时候，如果赵洪奎和他的马仔们已经潜伏在周围，他们看见这一幕会怎么想？能不对我产生怀疑吗？他们还会和我交易吗？这事儿不就砸了吗？哎呀！这，这，这，如何是好哇……

突然，杨开飞急中生智，拎起密码箱，打了一辆出租绝尘而去！

那位战友问了：杨队长去哪儿了？

众：是啊，他去哪儿了？

评：几经换车，杨开飞回到同心县城金川宾馆。他迅速叫过来值班经理如此这般低声交代了几句，退掉了205的豪华套间，住进了308号标间。

乙：朗格回来了啊？

丙：毒贩子不抓了？

众：就是啊！还换了房间，这要干嘛呀？

甲：都别吵吵了，听老师的！

评：进了308，杨开飞“砰”地关上房门，掏出手机拨通了赵洪奎的电话。

“我说赵老板，你他妈什么东西！什么怎么了？我问你，那辆出租车是怎么回事儿？大白天它闪什么灯啊？车上下来那人是谁？什么你不清楚？少你妈装孙子！老子不跟你玩了！告诉你，我现在在回内蒙的路上，已经过了中宁，留着你的东西自个儿享受吧！”

丙：嘿！高！这杨队长实在是高！这叫先发制人，转基因嫁接！

甲：你可别瞎跩了！什么转基因嫁接？那叫转嫁危机！

乙：哎呀，这杨队长太有才了！

众：看那帮毒贩子咋办！

评：杨开飞这一招儿果然奏效！大毒枭赵洪奎在电话那头儿汗都下来了！你想啊，白粉毕竟不能当钱花呀，好不容易碰上这么大买家儿，谁甘心就这么看着煮熟的鸭子飞走啊？“刘老板！误会了！误会了！您赶紧调转车头回同心来，晚上兄弟请你，‘一条龙’服务！哎呀，不瞒您老哥说，当时我还以为那辆出租是你们……好啦，不说了！既是误会，您就别真生气，赶紧回来！咱们说定了，明天上午九点，县医院二楼眼科，我穿白衬衫，白西裤，白色旅游鞋，和你一模一样的密码箱……您明白了吗？”

第二天上午九点整。

中队长杨开飞提着密码箱就走进了同心县医院，直奔二楼眼科。一上楼，他一眼就看见了诊室门口的长条椅上坐着个穿着白衬衫、白西裤、白色旅游鞋壮年男子，身旁放着一只与自己手中一模一样的黑色密码箱。杨开飞心说：赵洪奎你这个恶魔！今天老子要在这里结束你的罪恶！杨开飞在与赵洪奎相邻的另一张椅子上坐了下来。此时的赵洪奎，也在打着他自己的算盘：只要钱一到手，我就要你的命！就在赵洪奎暗暗咬牙这工夫，杨开飞已经坐到了他的身边。“你先走还是我先走?”赵洪奎略一迟疑，提起杨开飞的密码箱就站了起来。正准备转身离开，杨开飞以迅雷不及掩耳之势冲到赵洪奎身后，用尽全身力量冲赵洪奎后脑就是一拳！另一只手迅速从背后抽出手铐，赵洪奎还没反应过来，腕子上就已经多了一只冰凉的“手镯”。他刚想反抗，就听“铛”的一声脆响，铐子的另一端早已牢牢地锁在座椅下面的钢筋上。说时迟那时快，赵洪奎的四个马仔一见主子被捉，便从二楼楼梯口喊叫着向杨开飞扑将过来！援兵未到的杨开飞情急之中把手插在背后，假装掏枪，“你们谁敢过来，老子就崩了他!”马仔们“妈呀”一声大叫，四散奔逃，刚到门口，即被我设伏的公安干警和武警中队的战士一举擒获!

这时，县公安局缉毒大队的干警也纷纷赶到了现场，拍照，取证，一通忙活。在场所有的人都向杨开飞投去敬佩的目光!

这正是：

孤胆英雄杨开飞，
缉毒一线显神威，
献身使命忠于党，
贺兰山下树丰碑！

2009 年 1 月 17 日创作于银川

说唱类

除夕，在旅途（京剧情境演唱）

除夕夜列车上一片灯火，
八方客聚一堂笑语欢歌。
我这里抱拳拱手祝福道贺，
旅途上万千同胞您新春快乐！
路还是这条路，车还是这趟车，
一年四季顶数这会儿最宽绰。
【三人座位上坐着一位大胖老太太】
胖大娘，您出门儿算是选了个好时刻，
没有人跟您把“地盘儿”来争夺。
【一小伙儿悄悄欣赏着恋人的照片】
小伙子归心似箭魂不守舍，
不用问远方有人正把你等着。
【一少女郁郁寡欢，凝神陈思】
姑娘好似花一朵，
却为何乌云遮月话不多?
（白）姑娘!
大过年你就该抛却烦恼尽情地乐，
抬头纹再漂亮也赶不上酒窝儿!
【姑娘羞红了脸，掩面而笑】
【一小童便溺。有人喊道：“发水了!”】

小朋友开关失控你可闯了祸。

【一武警战士急忙拿墩布将地板擦干。】

这位武警同志好眼色！

（白）同志，请问您在哪儿当兵？

（武警战士：安徽。）

（白）我说呢！

（接唱）大水压境你闻风而动手脚好利落，

原来是抗洪前线一英模！

【众鼓掌】

【列车长端饺子上】

（列车长：旅客同志们，饺子来了！）

（白）呜呼呀！

热腾腾的饺子玲珑剔透一个是一个，

（有人接茬儿：多新鲜哪！）

（白）同——志们！

来！来！来！你们赶快随我（拿筷子）抄家伙！

1992 年 1 月创作

——为中央电视台 1992 年春晚创作（姚明曲、李秀明演唱）

甜酸苦辣摄制组（幽默演唱）

人物：导演、摄像、男演员、女演员。

【侧幕内，导演口令：预备——开始！】

【移动车自侧幕边拍摄边上】

导　演：樱桃好吃树难栽，

电影好看片儿难拍。

我说这话你不信，

众：谁要是不信谁上来。

【观众中有人响应】

摄　像：我说各位，你们要干嘛？上来拍电影啊？歇着吧您呐！

您上来我们吃什么呀？

男演员：如今这年头儿非从前，

女演员：要拍电影实在难。

摄　像：选剧本儿，挑演员，

导　演：南里北里踅摸钱。

男演员：拍片儿难，拍片儿苦，

女演员：不拍电影您不清楚。

摄　像：人都说导演派挺足，

导　演：实际上，我是当婆婆又得当媳妇。

有时候，指手画脚像爷爷，

有时候，我连孙子都不如！
分角色，大腕儿们捣过我的眼，
侍候不好，他们就半道儿拍屁股！

众：（白）溜了！

导　演： 在那外景地，俩帽子换了仨红薯，
大白天丢过车轱辘儿！
碰倒了一颗歪脖儿树，
他们扒了我一件羽绒服，
还拎走了一把洋铁壶！

众：（白）这都什么事儿啊！

男演员： 我们当演员，忒潇洒，

女演员： 夏穿皮袄冬穿纱。

男演员： 一会儿金銮殿上做皇帝，

女演员： 一会儿剃它个光头去出家。

男演员： 今儿我演你的情哥哥，

女演员： 明儿你管我叫大妈。

男演员： 这一回咱俩生死恋，

女演员： 下一回你演特务我来抓！

摄　像： 东奔西走拍片儿忙，
万贯家财我一肩扛。
我的摄像机，好模样儿，
又像大炮又像枪。
我病了来点儿感冒片儿，
它“病”了惊动一大帮。
导演急得直转向，
演员制片火上房。

“好宝贝儿，快醒醒，
可别让咱的片子泡了汤！”

导　演：说起来电影话就长，
也苦也累也风光。

摄　像：海角天涯任闯荡，
酸甜苦辣在心房。

男演员：“金鸡”唱，“百花”香，
叫咱别误了好时光。

女演员：“奥斯卡”就像个俏姑娘，
逗咱去摘洋月亮。

合：任凭它歌厅舞厅满街巷，
任凭它广播电视自称王。
拍电影，没商量，
一辈子就干这一行。
好风景都在山头上，
好男好女当自强。
拍电影，没商量，
一辈子就干这一行！

1994 年 6 月创作

——第二届中国长春电影节“银河灿烂”晚会

（臧云飞曲、王平等表演，中央电视台播出）

明天就要签约（幽默演唱）

时间：改革开放年代

人物：中国人（简称“中”）

外国人（简称“外”）

说书人（简称“书”）

书： 有一个故事在特区传扬，
说的是有两个小伙儿，一个眼睛黑黑，一个鼻子长长。
黑眼睛他爹曾经是一位蓝天骁将，
长鼻子他爸爸干过联合国军，号称“空中霸王”！
两个人在朝鲜打了一仗，
黑眼睛他爹得了个勋章，
长鼻子他爸爸栽进了鱼塘！
那年头儿老辈儿人殊死较量，
现如今新一代商海共航。
（夹白）您瞧——
有一个合作项目已经谈到了火候上，
明天就要签约，
俩小伙临阵乱了主张。

中： 做生意签合同按理说没什么曲折，

外： 大笔一挥写上名号彼此把手紧握。

中：今儿这事可就有些个独特，

合：两个人耳边都响着父辈的嘱托。

中：我爹说跟洋人打交道就是要昂首挺胸使劲儿往起梗脖儿，

外：我爸爸讲与中国人共事儿得眼观六路第一条儿脑子要活！

中：我爹说历史的经验值得注意，洋人军事不行了，才搞经济侵略，

外：我爸爸讲做生意如同作战，你切记打和溜要紧密结合！

中：我爹说哪怕你能赚一火车钞票，丧失了气节那就是天大的罪过，

外：我爸爸讲咱们不管那个，谁的有用就拿谁的，手段用不着选择！

中：我爹说洋人就是鬼子，“见鬼子挂弦儿”，那是咱一贯的原则，

外：我爸爸讲你必须小心谨慎，中国人发明了三十六计，“关门打狗”“堵笼子抓鸡”，最拿手是诱敌深入，然后“口袋”的干活！

中：明天就要签约，我该怎么做？

外：明天就要签约，我该怎么说？

中：明天就要签约，“红塔山”我抽了两大盒，

外：明天就要签约，安眠药我吃了半瓶多！

中：我还是难入睡，

外：我还是睡不着。

中：明天就要签约！

外：明天就要签约！

合：明天，怎么签约？

书：天底下多少事一看就明白，

　　唯有这心中是彼此费疑猜。

　　说奇也不奇，说怪也不怪，

　　人换人心换心真诚自然来。

中：世界越来越小，

外：地球越来越热。

中：“打嘴仗”已经不时髦，

外：“串亲戚”的如穿梭。

中：边关在紧着排雷，

外：国门在忙着开锁。

中：地球好比一个村儿，

外：你我就是东邻西舍。

中：虽然免不了磕磕碰碰，

外：更多的该是心平气和。

中：交流产生理解，

外：信任消除隔阂。

中：中国风正吹向五洲四海，

外：方块字正书写人类史册。

中：我们的朋友遍天下，

外：我们的伙伴在中国。

合：为了我们的共同利益，

　　我们必须携手合作。

中：明天就要签约，我的心已经有了着落，

外：明天就要签约，我好比王八吃了秤砣！

中：明天就要签约，好时机不能错过！

外：明天就要签约，OK，CHINA，我就相信中国！

中：明天就要签约！

外：明天就要签约！

合：明天就签约！

1994年7月创作

——大型音乐舞蹈史诗《东方潮·特区篇》晚会演出

中央电视台播出（大山、成方圆演唱）

看英歌（英歌小品）

人物：男、女主持人（分别简称男、女）

李逵、鲁智深、武松、宋江（分别简称李、鲁、武、宋）

男：（唱）大街小巷人真多，

女：（唱）欢欢喜喜看英歌。

男：（唱）英歌队过来人一伙儿，

女：（唱）不知你认得不认得？

男：这谁不认得呀？

（数）络腮胡子是张飞，

黑脸儿的名叫尉迟敬德；

不用问，大个子名唤秦叔宝，

那和尚不是唐僧我负责！

女：真的？

男：不信你问问去呀！

女：（采访李逵）先生，请问您贵姓？

李：（唱·京剧）两把板斧拿手中，

爷爷的外号“黑旋风”！

女：什么就张飞呀！不是说你认得吗？

男：哎呀，原来是李逵李大爷呀！

女：李大爷您好！

李：哎！不要盲目崇拜嘛！这是本人的身份证件，二位看准喽！

男：看什么证儿啊，这还能错了？

女：就是，不认得您，还能不认得这两把板斧吗？

李：此言差矣！

（唱）都因为俺铁牛心太软，

当年斩草没把根儿剜。

杀李鬼却放了他的家眷，

才闹得假李逵一代一代一茬一茬呈那几何形态大繁衍！

现如今，满世界都是俺的侵权案，

（夹白）不满二位，俺是天天都想打架呀！

（接唱）却找不着对手在那边！

气煞我也！呜呀呀呀……

女：李大爷，您先消消气儿。

男：（采访鲁智深）敢问这位大师，您是……

鲁：洒家姓鲁名达，法号……汕头！

男：这汕头什么时候成了他的法号啦？

女：这位大师，您到汕头这是干嘛来了？

鲁：来找我的妹妹。

女：找妹妹？

男：亲妹妹？

鲁：No！

女：心上人？

鲁：Yes！

男：瞧人家这和尚，还会外语。

鲁：早年我妹妹到汕头打工，如今已经当上大老板了。只见她寄钱回来，不见她的音容笑貌，心中甚是想念哪！

（唱）天上的星星亮晶晶……

男：Stop（停）！您唱的这是什么呀？

鲁：你们年轻娃娃不懂！俺，鲁提辖，乃当年延州府人氏。延州府知道吗？就是延安。俺鲁提辖也是从革命老区走出来的呀！

女：哦，您唱的原来是陕北民歌呀。

鲁：（唱）我的妹妹在汕头，

哥找妹妹泪花流。

汕头处处是高楼，

我的那个妹妹呀，妹妹呀，

……你在那座楼 Stop！

男：呀，他也会了！

鲁：没有时间跟你们年轻人瞎说，我要去找妹妹了！妹妹……

男女：真是一花和尚！

女：（采访武松）这位壮士仪表堂堂，一看就知道您是位英雄。

武：惭愧了——

（山东快书）打了一只老虎美名扬，

俺武松，倒觉得心里愧得慌。

就因为俺当年做了个坏榜样，

才生出徒子徒孙一大帮。

现如今，你到街上去逛逛，

好家伙！卖虎骨的排成行。

生态环境遭破坏，

要是按律法，俺武松头一个就得坐班房！

男：这都哪跟哪儿呀！

女：（来到队伍前头，采访松江）老师，您好！

宋：你好！

女：看您这穿戴打扮，风度举止，就知道您有学问，准是一位头领。

宋：叫首长！

男：首长好！……怎么这么别扭哇！

女：我说首长，看您这派头儿，少说也是省部级？

宋：不好意思啦，厅局级！

女：那也是高干哪！

男：哦，我看出来了，您就是宋江……宋厅长！

女：宋厅长您好！

宋：别那么客气好不好哇！你们俩是不是要现场采访我呀？

男：请您跟大伙儿谈谈您和您的队伍好吗？

宋：（唱《沙家浜》中胡传魁唱段填词）

想当初，老宋的队伍才开张，

拢共有十几个人来七八口缸……

男：您那儿腌咸菜哪！

宋：哪里是腌咸菜呀！那时候穷啊，造不起船呀！

男：啊？坐缸里呀！

宋：然也！

女：打什么岔你呀！听宋老师的！老师，您接着说！

宋：（唱）想当初，老宋的队伍才开张，

拢共有十几个人来七八口缸。

求生存谋发展如今也算混出个人模样，

俺宋某欢迎各位前去观光！

男女：好！我们一定去！

李：我们几位很平常，

鲁: 后人的称赞不敢当。

武: 咱们炎黄子孙是长江后浪推前浪,

宋: 一代更比一代强!

合: 长江后浪推前浪,

一代更比一代强!

1999 年 10 月创作

——汕头潮剧艺术节晚会演出

中央电视台播出（李琦、孙振业、朱世慧等表演）

中国话（音乐说唱）

人物　中国人2—4人（中）

　　　外国人2—4人（外）

（文中"唱"为歌曲《茉莉花》曲调）

中：（唱）古老的东方有一种语言名字就叫中国话，
祖先说着她我们说着她子孙还要说着她。

外：（唱）古老的东方有一种语言名字就叫中国话，
你们说着她我们说着她世界都在说着她。

合：如果你想把中国话说得很在行，
你就得知道中国历史到底有多长。

中：你得知道伏羲神农太皓与炎黄，

外：你得知道商周秦汉魏晋与隋唐；

中：你得知道易经八卦太极和阴阳，

外：你得知道李白杜甫岳飞文天祥。

合：中国话中国话中（呀么）中国话，
中国人千锤百炼创造出了她。

中：黎明即起洒扫庭院那是中国话，

外：但行好事莫问前程那是中国话；

中：路见不平拔刀相助那是中国话，

外：宁为玉碎不为瓦全也是中国话。

中：中国话是将相无种男儿当自强，
外：中国话是修身齐家治国平天下；
中：中国话是君子之交淡（呀么）淡如水，
外：中国话是黄金有价情（呀么）情无价！

中：（唱）古老的东方有一种语言名字就叫中国话，
祖先说着她我们说着她子孙还要说着她。
外：（唱）古老的东方有一种语言名字就叫中国话，
你们说着她我们说着她世界都在说着她。
合：如果你想要说好中国话，
你就得知道中国到底有多大。
中：你得知道丝绸之路哪里是源头？
外：你得知道长江黄河为什么向东流？
中：你得知道江南女子为什么多温柔？
外：你得知道北方汉子为什么壮如牛？
合：中国话中国话中（呀么）中国话，
中国话奥妙无穷出神又入化。
中：大漠孤烟长河落日那是中国话，
外：风吹杨柳雨打芭蕉那是中国话；
中：雾里看花水中望月那是中国话，
外：马踏飞燕金蛇狂舞也是中国话。
中：中国话是青梅煮酒醉里挑灯看剑，
外：中国话是夕阳西下小桥流水人家；
中：中国话是大风起兮云（呀么）云飞扬，
外：中国话是九曲黄河万（呀么）万里沙！

中：中国话是（越剧）“天上掉下个林妹妹”，

外：中国话是（流行歌）“祝你平安”“亲爱的爸爸妈妈”；

中：中国话是（东北话）“翠花，上酸菜”，

外：中国话是（京剧）“穷人的孩子早当家”……

合：（唱）古老的东方有一种语言名字就叫中国话，

中国人爱着她外国人爱着她世界人民都爱她。

中国话呀，亲亲的中国话，

带着你的神韵带着你的深情我们走遍普天下。

2002年9月创作于北京

——中国语言大学建校40周年《你好中国》晚会演出中央电视台播出（张逸松曲，卡尔罗【南】、梦之光组合演唱）

公平秤（音乐说唱）

（唱）只因为买卖需要公平，
老祖先发明出了度量衡。
只因为事理需要公正，
生活中就有了这“公平秤”。

（说）公平秤公平秤公（呀么）公平秤，
你曾把多少世事来（呀么）来见证。
你称过的东西也许非常多，
还有更多东西你肯定没见过！
你见没见过买来新衣先（呀么）先钉扣？
你见没见新房缩水新车烧机油？
你见没见过黄河边出产的“茅台酒”？
你见没见过“五粮液”流出水龙头？
你见没见过热水器向人下毒手？
你见没见过高压锅把稀饭喷上楼？

（唱）都说公平秤称的是公平，
其实公平秤称的是真诚。
并非有了公平秤世界就公平，
公平不公平全在人心灵。

（说）公平秤公平秤公（呀么）公平秤，
可知道有许多东西你根本称不动？
虽然你有秤杆秤砣和（呀么）和秤星，
你不一定称得起这法理和世风；
虽然你有刻度指针显（呀么）显示屏，
你不一定称得起这公德与人情！
公平秤你也许能称瓜果和棉粮，
你不一定辨得清奸商的黑心肠；
公平秤你也许能称鸡鸭和牛羊，
你很难拆掉买和卖中间的那堵墙！

（唱）都说公平秤如何受欢迎，
有谁知多少无奈在其中？
都说公平秤是个好发明，
真正走向公平秤让人好脸红！

（说）公平秤公平秤公（呀么）公平秤，
其实你是现代社会的一种隐痛！
因为真诚信誉流失得太匆忙，
公平秤才走进商铺走进店堂！
现如今改革之风正吹在大地上，
公平秤不久的将来一定会消亡！
文明经商引领市场走向繁荣时尚，
和谐消费让购物环境越来越健康。
科学发展为中国经济插上了翅膀，
我们的生活前程似锦充满阳光！

2007年2月19日创作于北京

火锅重庆（音乐说唱）

中国有一座美丽的山城名字叫做重庆，
重逢之重、重生之重、欢庆喜庆吉庆之庆。
重庆山城，重庆江城，山之城江之城火锅之城，
山城重庆，江城重庆，山重庆江重庆火锅重庆！

重庆火锅历史悠久四海闻名，
火锅重庆物华天宝人杰地灵。
重庆火锅时时刻刻香香浓浓，
火锅重庆年年月月火火红红！
重庆火锅容得蔬果瓜豆干鲜生猛，
火锅重庆拢得南腔北调八面来风！

中国有一座美丽的山城名字叫做重庆，
重逢之重、重生之重、欢庆喜庆吉庆之庆。
重庆山城，重庆江城，山之城江之城火锅之城，
山城重庆，江城重庆，山重庆江重庆火锅重庆！

重庆有浩浩长江滚滚嘉陵，
重庆有满城灯火遍野葱茏。
重庆火锅煮沸多少青春激情，

火锅重庆迎来多少嘉宾高朋。
重庆热土孕育多少不朽的英雄！
重庆史册记载多少永远的光荣！

中国有一座美丽的山城名字叫做重庆，
庄重之重，厚重之重，庆祝庆贺庆典之庆。
重庆山城，重庆江城，山之城江之城火锅之城，
山城重庆，江城重庆，山重庆江重庆火锅重庆！

重庆的商家店铺都闪着霓虹，
重庆的新房老屋都躲在花丛；
重庆妹儿乖巧漂亮大方又纯情，
重庆哥儿吃苦耐劳粗犷又文明；
重庆人冷着热着都一脸笑容，
大重庆醒着醉着都透着真诚！

重庆火锅，火锅重庆，
火的重庆，锅的重庆！
重庆火锅，红火着重庆，
红火火的重庆举世闻名……

2007年4月12日创作于重庆—北京

黄河明珠三门峡（说唱）

（唱）黄河明珠三门峡，
蓝天下一朵太阳花。
山明水秀美如画，
中州西门第一家。

（说）黄河明珠三门峡，三（呀么）三门峡，
蓝天下一朵美丽的太阳花！
如果您想要了解浩浩大中华，
您最好先跟我走一走三门峡！
古时候的三门峡名叫陕州城，
陕州之西的陕西省因此而得名。
三门峡的仰韶先民最早炼青铜，
三门峡的虢国旧地曾经被血染红。
三门峡的函谷雄关兵家世代争，
三门峡诞生过中华瑰宝老子的《道德经》。

（说）黄河明珠三门峡，三（呀么）三门峡，
蓝天下一朵美丽的太阳花！
三门峡的峡谷深涧险峻又神奇，
三门峡的霞光彩虹绚丽得让人迷！

三门峡人侠骨柔情能伸也能屈，
三门峡管辖的地面儿处处显生机。
三门峡的大水坝四海威名扬，
三门峡的玉皇山美景胜天堂；
三门峡的地坑院冬暖又夏凉，
三门峡的天鹅湖栖息着鸟中王！

（说）黄河明珠三门峡，三（呀么）三门峡，
蓝天下一朵美丽的太阳花！
三门峡的人居环境堪称第一流儿！
三门峡的市政发展谁看了谁说牛！
三门峡的仰韶美酒好喝不上头，
三门峡的黄河鲤鱼吃不着让人愁！
三门峡的土地上插棍儿也发芽，
三门峡的河湖中处处有鱼虾。
三门峡的酒杯里斟满了暖心话，
三门峡人的眼睛里难容半粒沙。

（说）黄河明珠三门峡，三（呀么）三门峡，
蓝天下一朵美丽的太阳花！
三门峡的乡村城镇和谐又温馨，
三门峡的男女老少见人都那么亲！
三门峡的地面儿上官民一条心，
三门峡人待人接物情真意也真。
三门峡有一股力量能够扳倒山！
三门峡有一种气势能够冲破天！

三门峡有一群奇人心胸海样宽！

三门峡精神代代相传弘扬天地间！

（唱）黄河明珠三门峡，

蓝天下一朵太阳花。

山明水秀美如画，

中州西门第一家。

2008 年 3 月 28 日创作于三门峡—北京

——中央电视台、三门峡电视台《走进三门峡》晚会播出

谁是老外（幽默说唱）

时间：潍坊风筝节开幕式前数分钟

地点：风筝节放飞现场附近

人物：中国人3人（分别简称“中甲”“中乙”“中丙”）

外国人3人（分别简称“外甲”“外乙”“外丙”）

舞蹈队若干

【一个节目演完之后。幕侧传来争吵之声。三个中国人和三个外国人边争执边上。】

……

中甲：我们没说什么呀！

外乙：还没说什么？什么叫“老外呀”？

中乙：没错儿呀，你们就是老外嘛，让大伙儿瞧瞧，这模样儿！

中丙：本来嘛。

外甲：什么就本来嘛！我发现你们山东人说话，就是没有人家河南人说话好听！

中合：此话怎讲？

外甲：河南，洛阳，牡丹节，知道吗？

中合：知道哇。

外甲：我们去了！知道人家洛阳人冲我们说什么吗？

中合：说什么？

外甲：（洛阳方言）“咦，乖乖！中！中！恁都老中啊！”哎，怎么到了你们山东，我们就成了“老外”了呢？

中乙：嗨！

外乙：就算是老外，又怎么样？了解中国，了解潍坊，未必就不如你们！

中合：您这话可有点儿大！

外合：可以比试嘛！

中合：怎么比？

外合：随便！

中丙：这样吧，咱们来到潍坊，就说潍坊，怎么样？

外合：可以呀，说吧！

中甲：说是说，可咱们不能白说。

外甲：噢，您给发纪念品！

中甲：咱们不能用白话说，得用各种不同的艺术形式来说潍坊，唱潍坊，好不好！

外合：当然可以！你们先来！

中合：你们是客人，你们先来！

外合：别价！强龙不压地头蛇，让你们先来！

中甲：那好！您听着——

（数来宝）

说齐鲁明珠潍坊城，

历史悠久最闻名。

苍翠的田园清清的水，

草绿花红分外美。

好风好雨好河山，

造化出这物华天宝、人杰地灵、满眼锦绣的米粮川！

开放的潍坊气象新……

外甲：停停停停！

外乙：吁（yü）……

外丙：您真把我们当老外啦？你说的这词儿是五年前风筝节晚会上的！

外甲：对喽！老词儿！蒙谁呀！下边儿的我都会——

（数来宝）

东风大街一街灯，

白浪河里一河星。

北海大道景色绝，

两旁翻飞着火蝴蝶……

对不对？

外乙：这不蒙人吗！

外丙：到底谁老外呀？

中甲：那，那我们重来行吧？

外乙：重来？下一轮儿吧！该我们啦！

外甲：说快板儿算什么本事！普通话谁不会说呀？听这个——

（山东快书）

闲言碎语不多讲，

开门儿见山说潍坊。

咱们潍坊，有四区、六市、两个县，

连接内陆通海洋。

有码头，有盐场，

昌潍平原出米粮。

“潍柴”堪称巨无霸，

蔬菜王国在寿光。

（夹白·非常自豪地）方言的！你们行吗？
您要想知道，潍坊之最还有啥？
全都印在了邮票上。
有贾思勰、孔融、王烬美，
有郑板桥作品小型张；
杨家埠木版年画人人爱，
潍坊风筝，融入方寸更漂亮！

中甲： 再漂亮也是假的呀！看真的才过瘾哪！

外甲： 想看真的很容易，
你弄根儿长线栓身上。
你来飞，俺来放，
送你到天上去逛逛……

中甲： 不去！

中丙： 哎，他怎么懂那么多呀？

中乙： 多啥呀！听我的——
（山东柳琴）
说潍坊，唱潍坊，
潍坊本是好地方。
工业农业大发展，
旅游商贸样样强。
沿海滩涂藏珍宝，
黄金白银用肩扛，
（那个）用肩扛啊哎嗨哟哇，嗯哎嗨哟！

外乙：（唱·《月亮之上》曲调填词）
我在仰望，潍坊之上，
有多少风筝，在天空飞翔。

风筝下边啊，是微笑的脸庞，

文明之花盛开在潍坊美丽的城乡！

在建设新农村，前进的路上，

咱潍坊的乡亲，正神采飞扬！

（对口词）

中丙：潍坊！

中甲：潍坊！

中乙：潍坊！

中丙：潍坊！潍坊！风筝的爹娘！

中甲：潍坊！潍坊！恐龙的故乡！

中乙：潍坊！潍坊！山东的粮仓！

中丙：潍坊！

中甲：潍坊！

中乙：潍坊！

中丙：潍坊！潍坊！济南的走廊！

中甲：潍坊！潍坊！青岛的街坊！

中乙：潍坊！潍坊！北京的菜筐！

中丙：潍坊！

中甲：潍坊！

中乙：潍坊！

中丙：潍坊人提起潍坊——

中甲：激情荡漾！

中丙：外地人进了潍坊——

中乙：眼睛一亮！

中丙：外国人来到潍坊——

中甲：东张西望！

外合：我们外国人怎么了？

中乙：转向！

外丙：噢，对口词！老掉牙了，谁还听它呀！听咱的——

说潍坊人民争上游，

外甲：生产建设创一流儿。

外乙：那真是老牛喝了二锅头……

外甲：（冲舞蹈队）帮帮忙，伙计们！

舞蹈队：——噢……醉（最）牛！

中合：三句半呀！

外丙：潍坊大地换新颜，

外甲：每天都像过新年。

外乙：老百姓个个腰里圆，

舞蹈队：——有钱！

外丙：三句半，来得快，

外甲：风趣幽默又实在。

舞蹈队：哪个要说不喜爱，

外乙：——他老外！

众人：谁呀?!

2012 年 3 月 13 日创作于潍坊—北京

——中央电视台潍坊国际风筝节晚会播出

曲唱类

家友别妻（河南坠子）

刘家友，原武警河南省总队信阳地区支队农场场长、优秀志愿兵。他从军十四年，艰苦朴素，勤奋俭约，廉洁自律，克己奉公，终因积劳成疾而英年早逝，年仅三十五岁。武警总部发布命令，授予刘家友“模范共产党员”荣誉称号，并号召所属部队全体官兵向他学习。这里所记述的，是刘家友弥留之际与妻子何开花的一段对话……

合：九月深秋天渐寒，
秋叶儿飘飞秋雁南迁。
一夜秋风平地卷，
郑州城处处秋霜遮瓦檐。
刘家友半躺半卧病榻上，
妻子开花坐在床边。
见亲人面容憔悴她长吁短叹，
不由得珠泪滚滚湿衣衫。

男：（白）开花，你又哭了！唉，都是俺这倒霉的病拖累了你啊！

女：（白）家友，又说这些了！我没事儿，你好好休息吧，啊！

男：凝望着爱妻心沉重，
只觉胸中阵阵酸。
想我刘家友，也算是堂堂七尺男儿汉，

面对亲人却是愧无言。
俺力不亏来气不短，
却为何养活妻儿就这样难?!

女：这事哪能把你怨，
只因咱家，人祸天灾太频繁。
三次火烧光了咱的家产，
兄长他新婚不久便命丧深潭；
六旬父半聋半瞎半身瘫痪，
七岁儿半呆半痴半懂人言！

男：开花你为此吃尽千般苦，
咱成亲十年你苦十年。
多亏你把一家老小来照看，
披星戴月种庄田。
十年来，你没吃过一顿可口饭，
没穿过一件好衣衫；
你也曾时常赶集和上店，
俺从未给你半块零花钱；
怀儿女你多日不思茶和饭，
却不知瓜果梨桃是甜是酸！
说起来十年夫妻不算短，
又谁知咱是年年月圆人不圆！

女：人不团圆俺不怨，
俺知道，你这身军装为谁穿。
新婚夜你丢下俺去把岗站，
俺三更等你到五更还；
你代理司务长掌管粮款，

俺母子来队，你没少收一分伙食钱；
哪怕是顶头上司想把便宜占，
你照样是软磨硬顶巧周旋；
俺来队半月假刚过一半，
你急急催俺把家还。
你押解犯人去武汉，
用囚车顺路捎俺回家园。
知道的说你是节省开支图方便，
不知道，还以为，俺与那案子有牵连哪！

男： 开花呀！家友我欠下你的感情账，
只怕是今生今世难偿还。

女： 家友快别这样讲，
咱夫妻说啥偿还不偿还！
这些年，你比我吃了更多的苦，
自个儿从不枉花一分钱；
那满墙的奖状是你心血换，
同志们的赞扬常响我耳边。
你也不呆，你也不笨，
你也不傻，你也不憨；
你要是复员回家转，
咱实现小康并不难。
只是你对部队太留恋，
舍不下你的鱼塘菜地水稻田！
何开花哽哽咽咽一番话，
说得家友心不安。

男： 开花呀，我做的事情实在少，党给我的荣誉高如天。
本想着早日痊愈出医院，
再为部队作贡献。
看起来部队故乡全都难回返，
有句话，不知该谈不该谈？

女：（白）家友，咱夫妻多年，有啥话不能讲啊？你就说吧！

男：（白）开花呀！
艳阳难得天天有，
明月哪能夜夜圆。
悲欢离合寻常事，
我走后，希望你别给组织添麻烦！

女：（白）这俺知道，你就放心吧。

男：合适了，再成个新家寻个称心伴，
咱们的一双儿女也就有了靠山。

女：开花我听此言肝肠寸断，
家友你快别把俺的心来剜。
跟上你吃苦受累我心甘情愿，
再找个“刘家友”可就难上难哪！

男：（白）开花！
你生活的道路长且远，
一定要振作精神走向前！
你切记，结伴要结同心伴，
志同道合方能夫妻共苦甘；
人品差，纵然是富贵荣华终成梦幻，
在这世界上，顶数金钱不值钱！

女：（白）家友，你的话俺记下了！

男：（白）开花，咱还有钱吗？

女：（白）有！都是组织上给的和同志们捐的。

男：（白）你去一趟商店，给自己和孩子买几件新衣。料儿好一点儿，颜色鲜一点儿，贵点儿不要紧。

女：（白）家友，你病成这样儿，俺还买啥新衣哩？

男：（白）开花！

看起来我的病实难好转，
家友我将不久于人世间。
你抽空去一趟服装店，
买上一身好衣衫。
追悼会上穿上它，
体体面面站在我跟前，
组织上的关怀照顾咱要体现，
可别让同志们看着太寒酸！

合：何开花热泪如雨深深把头点，
一双手久久抚摩家友的肩。
好夫妻忧患之中真情见，
你望我，我望你，知心话满腹口难言。
这就是家友别妻一小段，
唱的是咱人民武警一位好党员！

1988年12月创作于郑州—北京

——原载1992年第2期《橄榄绿》

纳税人百态（京剧幽默演唱）

合：国颁税法好庄严，
于你于我紧相连。
照章来纳税，公民应当先，
偏有人暗自打算盘。
不信您往那边看，
此公就在您面前。
【显示偷税者漫像】
男：挣得钱来莫声张，
先入自家小银行。
弄根儿红笔做假账，
就说是背心儿裤头儿都赔了个光！
瞒过政府（咱就）把楼上，
OK 桑拿进包厢！
【显示逃税者漫像】
女：我放录音你掏钱，
与他《税法》何相干？
周瑜黄盖两情愿，
闲人休得管那么宽！
道德良心都是瞎扯淡，
（夹白）要它作甚！

只留副嘴脸打江山!

【显示抗税者漫像】

男: 怒发冲冠，凭栏处潇潇雨歇，

公鸡群里俺姓铁!

谁敢拔俺的毛，俺就放他的血，

看哪个敢把俺的脑袋切!

呜呀呀呀……

【显示逃税者漫像】

女: 小摊儿小铺儿小柜台儿，

辛辛苦苦挣俩钱儿。

您睁只眼儿来闭只眼儿，

赶明儿到您家去拜年儿。

好言好语不开面儿，

(夹白)罢!罢!罢!

打打游击逗您玩儿!

【男、女跳出角色，对众漫像】

合: 尔等讲话理不端，

全没将国家利益放心间。

若非国家政策好，

哪得百姓日子甜?

照章来纳税，公民应当先，

苟苟且且为哪般?

男: 国家好比一只船，

女: 同船过渡皆有缘。

男: 我撑竹篙你荡桨，

女: 他掌舵来我扯帆。

男：同出力，同流汗，

女：方能破浪勇向前。

男：百姓的国家百姓建，

女：纳税建国就是建家园。

合：国富民强四化早实现，

万里神州尽开颜。

1997 年 3 月创作于北京

——中央电视台税法宣传晚会播出

告慰亲人（坠子歌）

密云水库哨位前，

杨明英，将一杯好酒洒向水天！

山生啊山生！你的英子又来把你看，

有多少心里话要对你言。

你走后，战友们时常上门问冷暖，

组织上关怀好似那春风入心田。

高堂双亲很康健，

举家老幼都平安。

咱的儿学习好天真又烂漫，

瞅一眼俺也觉心里甜。

（白）山生啊！你还记得吗！在你临走的时候，遗憾没能带咱的儿子去北京动物园看大老虎，去天安门广场看升国旗。如今，这两件事儿你的战友都已经帮你做了！

那一日他听说，要去把升旗看，

咱的儿乐颠颠，就好像要过新年，

他还闹着把你的军装来穿。

三更过罢没合眼，

他说妈呀妈，今晚的月亮咋恁圆？

等到那霜雪又把丛林染，

俺再和同志们把你看。

（白）山生，俺给你讲咱的家，讲你的兵，讲你守了十年的密云水库——

现如今，它是怎么样的绿、怎么样的蓝、怎么样的秀、怎么样的甜、怎么样的晶莹碧透映青山！

1997 年 8 月创作

——中央电视台播出（刘琦作曲、张洪玲演唱）

长堤相会（河南坠子）

刘小娟吹灭了红蜡烛，
羞答答，甜蜜蜜，她就做起了江文凯的新媳妇！
江文凯在那江西武警当中尉，
敬业知兵是位好干部。
刘小娟，更似一枚圆月亮，
姑娘里数她最突出。
自从二人结了连理，
小两口儿，那个感情儿，就像那，三伏天儿燃烧的火一炉！
他们互敬互爱同进步，
共为明天绘新图。
一转眼，过了冬春入了夏，
爱情的果实将成熟。
小两口儿说话就要做父母，
不成想一场灾难平地出。
百年不遇的大洪水，
把个大中国，只搅得天翻地也覆！
子弟兵拼死抗洪咱们且不表，
单说那，刘小娟，怀抱婴儿，万马军中找丈夫！
刘小娟寻找文凯她把大堤上，
举目看，满眼是彩旗金星绿军服。

小娟她一路走来一路问，
忽听耳边，响起个声音咋恁熟：
（白）“小娟!”
刘小娟闻声扭头看，
烈日下，有一位军人好魁梧。
一脸泥水一身土，
一道道血丝儿遮眼珠。
（白）“文凯!”
（白）“小娟！你怎么来啦?”
（白）“俺来看看你，你好吗?”
（白）“好！你好吗？孩子好吗?”
（白）“好！都好！只是这孩子都一个半月了，
还没见过她爹是啥样儿呢!”
江文凯接过孩子捧在手，
亲了又亲，看了又看，愧疚的心情难说出。
（白）“小娟，俺对不起你，对不起孩子呀!”
（白）“文凯，你说的这叫啥话呀!”
“小娟！你分娩那天俺上的大坝，
没能把你来照顾。
俺走后，留给你多少身心苦，
真不知，恁娘儿俩，是咋着熬过的这鬼三伏!”
小娟说：“文凯你言重了，
俺并非泥捏白纸糊。
虽说是，女人生产事情大，
可是咋能比抗洪的事情更特殊。
万一这大堤保不住，

俺的家园将会踪影无；
多少孩子将会失父母，
多少百姓将会身陷汪洋葬鱼腹！
就为这，俺才怀抱婴儿将你找，
俺要跟你说，别想家，别想俺，别分心，别走神儿，
大堤上千万不能有疏忽！”
一番话，说得官兵鼓起掌，
冲着小娟直欢呼。
小娟更是心激动，
说出的话语感肺腑：
“兄弟们，俺空着两手来把恁看，
总觉着心里不舒服。
（夹白）俺就给大家唱支歌儿吧！
恁可别笑俺，走板跑调儿嗓门儿粗。”
（唱）“真的好想你，抗洪英雄我的好兄弟！
你们一身水，一身泥，为人民守大堤。
滔滔洪水怎能阻隔你对人民的爱，
你的身影就像一座山，巍巍耸立……”
这歌声，回荡在长江大堤上，
这歌声，把抗洪将士来鼓舞；
这歌声，唱出了军民鱼水情，
这歌声，只唱得千万双眼睛滚泪珠。
这就是《长堤相会》一小段儿，
咱们大中华，江山代有新人出！

1999 年 3 月 25 日创作于北京

望北京（琴书歌）

小时候就爱胡琢磨，
总觉着北京城应该在那东山坡。
毛主席就在那坡上坐，
管理着圆圆的太阳几大箩。
每天清早他就升起一个，
为咱老百姓取暖照亮儿晒被窝！
长大后手握钢枪上了哨所，
却看见群山如海波连波。
老兵说，哨所的山连着八达岭，
班长说，哨所的水连着金水河；
指导员说，就在那片霞光里，
天安门，国旗太阳共一色。

如今我依旧爱琢磨，
却猜不透新鲜事儿怎么那么多！
这世界时时都添好景色，
北京城何只在那东山坡？
“前门楼儿”，依山傍海好气魄，
“昆明湖”，在那茫茫戈壁荡清波。
江南刚造个“王府井”，

塞北就开了个“全聚德”；
京腔儿京韵情如火，
唱不完国强民安乐。
长安街啥时候变成了盘山道？
老百姓步步登高奔向新生活！

望北京，想北京，
咱就在北京的怀抱里；
想北京，望北京，
北京就在咱心窝！
站在哨所望北京，
心坎儿上，升起来一个大中国！

1999 年 9 月创作

——原载 1999 年 9 月 14 日《人民武警报》

获“全军文艺汇演”二等奖（刘琦曲、江涛演唱）

天津人（评弹歌）

草长莺飞春水流，
津门风光眼难收。
天津美，天津秀，
天津城，老树新枝花更稠。
天津人古道热肠就像一壶陈年酒，
点点滴滴让您醉心头。
天津的小伙儿好身手儿，
天津的姑娘最温柔；
天津的娃娃让人疼不够，
天津的老人挽着夕阳画中游。
天津人说话总那么逗，
天津人不懂嘛叫忧愁；
天津人不认得南北分左右，
天津人掏心掏肺待朋友。
天津人做事不将就，
天津人帮人名不留；
天津人危难关头不退后，
天津人见了荣誉准害羞。
天津人认准了方向只管走，
天津人一路看天不低头！

天津人，人气旺，胆气壮，底气足，心气顺，
皆因为赶上了好时候。
愿大家，心贴心，手挽手，举金杯，放歌喉，
为天津更尽一杯酒，
同祝福——
天津的明天更美好，
天津人世世代代都风流！

1999年11月创作

——天津电视台2000年春节晚会播出（陈勇曲、雅芬演唱）

和尚就是和尚（大鼓歌）

一个和尚挑水吃，两个和尚抬水吃，三个和尚没水吃……

——民谣

本来是一则民谣简单又平常，
不过是拿人说事儿打了个比方。
偏有人借题发挥编排和尚，
攒了个“挑水”的故事四处传扬。
和尚无言，和尚不语，
因为和尚就是和尚。

和尚，和尚，
心境平和，德行高尚；
和尚，和尚，
慈悲为怀，古道热肠。
达摩面壁玄奘西行鉴真渡重洋，
吃的是素食受的是苦难修的却是善良；
黄卷青灯铁禅杖相伴酷暑寒霜，
佛法国粹共弘扬和尚功德无量！

您啥时见过和尚趾高气扬？

您啥时见过和尚枉法贪赃？
您啥时见过和尚营私结党？
您啥时见过和尚霸市欺行？
您啥时见过真和尚居豪宅泡小姐出入包厢，
拿红包儿吃回扣中饱私囊？
因为和尚就是和尚！

劝世人切莫要言语轻狂，
搬弄些是非短长。
闲来无事多思量，
你哪一点比过了和尚？

阿弥陀佛！和尚，就是和尚！

2001年7月25日创作于北京

——中央电视台少林寺国际武术节晚会播出

短剧类

回家过年（短剧）

时间：大年三十

地点：北方地区武警某部驻地

人物：刘大根——武警某部连长

　　陈　娟——武警某部医院医生，大根之妻

　　刘　父——退休干部，老转业军人

　　刘　母——退休干部

【刘大根和陈娟的小家。屋里正响着歌声："找点儿空闲，找点儿时间，带着爱人，常回家看看……"陈娟边听音乐边收拾东西。她正往一个大旅行包里装着什么，觉得不合适，又拿出来装进旁边的纸箱，又把纸箱里的东西拿出来……看得出，她虽然很忙，但很高兴。

电话铃声响起。陈娟关小音响音量，接听电话。】

陈　娟：您好！对，我是陈医生。是的，到大连，哎，对，两张。（遗憾地）上铺啊？……也行，我知道，车票很紧张。谢谢您！等大根回来让他去取，顺便把钱……

【刘大根推门进屋。】

陈　娟：哎……他回来了。（把话筒递向丈夫）来来来，王助理电话！

刘大根：票订了？

陈　娟：订了。

刘大根：（接过电话）喂，老王！票已经订了？非常感谢……我说，麻烦你，再给我退了吧，太忙，走不了啦。

陈　娟：（急了）哎，干吗呀大根？你把票给退了？

刘大根：对。

陈　娟：不回家过年了？

刘大根：是。

陈　娟：刘大根，这可连着三年了，每次商量好的事儿，你都是说变就变啊！

刘大根：不是我想变，实在是走不开呀。

陈　娟：走不开，走不开，连里就你一个干部呀？

刘大根：我不是连长么！

陈　娟：（讥讽地）连长啊？我还以为你是联合国秘书长呢！

刘大根：唉！这一届算没戏了！

陈　娟：你贫不贫啊！那不还有指导员呢么！

刘大根：指导员他不是胎位不正么！

陈　娟：啊？

刘大根：……指导员他媳妇儿胎位不正！

陈　娟：指导员媳妇儿胎位不正跟你有什么关系？

刘大根：是跟我没关系，她不是快生了吗？身边儿得有一个支应的人不是？你是医生，不比我懂啊？

陈　娟：那我当年生咱们虎子的时候……

刘大根：打住，媳妇儿！咱别再提这当年了行不？当年那时候我不是在带新兵么。对了，今年这批新兵，除了上海的就是杭州的，全都是蜜罐儿里长大的，水灵！要不是当兵，这会儿呀，没准儿还都在爹妈怀里撒娇呢！他们头一回离开父母，在部队过春节，每逢佳节倍思亲啊！指导员不在，你说我这个当连长的，还不得陪陪他们？

陈　娟：是呀，过年了，谁不想家呀！我父母不在了，这些年，咱爸咱妈待我像亲闺女一样，什么事儿都宠着我，向着我，生怕我受一点委屈。你说，我……

刘大根：我理解。叔叔阿姨牺牲的时候，咱们都还小……你对咱爸咱妈的感情，我能不知道么！可我，实在是忙啊。

陈　娟：你老是这样，忙，忙，什么时候是个头儿呀？你别忘了，爸妈可都是七十岁的人了，人老了，想儿孙哪！不行，我得再给王助理打电话！

刘大根：（夺过话筒）娟儿你干什么？该说的我不都说了么！你也是当兵的，部队的事儿你又不是不知道！

陈　娟：我不管！（拨号儿）

刘大根：（生气地）好好好，打吧打吧！我可告诉你，别订我的票啊，要回你自己回！

陈　娟：你说什么？

刘大根：别订我的票，要回你自己回！

陈　娟：好你个刘大根！我自己回？我回去看谁去？我倒想看我爹我妈，可我……上哪儿看他们去呀！（哭泣）

刘大根：（慌忙上前抚慰妻子）娟儿，对不起，我说错了，我错了还不行吗？……你打我吧！（拿着陈娟的手在自己脸上轻轻地摩挲）……要不……我给你唱个歌儿？（唱）好老婆，我爱你，就像老鼠爱大米……

陈　娟：你才大米哪！

刘大根：好，我是大米。那你是老鼠？

陈　娟：（娇嗔地）讨厌！

刘大根：笑了！笑了！

陈　娟：（破涕为笑）你烦人！我问你，不回家了，咱买的这些东西怎么办？

刘大根：好办，我来处理呀！

陈　娟：你？那咱爸这唐装……？

刘大根：我穿上！（穿上唐装）

陈　娟：这皮背心儿？

刘大根：我套上！（套上皮背心）

陈　娟：助听器？

刘大根：我戴上！（戴上助听器）

陈　娟：帽子？

刘大根：我顶上！（戴上帽子）

【屋外。刘父、刘母拎着旅行袋儿、皮箱上。刘父的穿着打扮儿跟屋内的儿子一模一样。】

刘　母：老头子，快走吧，别看啦！

刘　父：来了！来了！

刘　母：哎哟，你这还有完没完哪！一看见营房你就俩眼放光，都转了仨圈儿啦，累不累呀？

刘　父：不累！一看见营房我就相当地兴奋！

刘　母：来，快快快，马上要见儿子媳妇啦，还不快捯饬捯饬！（给刘父整理着装）

【与此同时，屋内的陈娟给丈夫整理着装。】

陈　娟：大根，你知道你这么一捯饬，像谁吗？

刘大根：像谁？

陈　娟：像你爹！

刘大根：谁？

陈　娟：（大声地）像——爹！

刘　父：（在门外应声）哎——来了！我这儿媳妇眼神儿真好，隔着门儿就能看见她爹来了！

刘大根：哎，这谁呀，占我便宜哪？（开门）我看是哪小子……爸！

陈　娟：妈！你们怎么来啦？

刘　父：我们怎么不能来呀？（拉过儿子并排坐下）

刘　母：（转身，发现父亲与儿子穿戴、坐姿完全相同）哟，这爷儿俩怎么一个打扮儿呀？我说儿子，你这是在学你爹呀，还是在演你爹呀？

刘　父：哈哈……这才是我儿子哪！

刘大根：哪儿呀，爸！这都是娟儿给您买的，我替您试试合不合适。爸，妈，我们正打算这就回家看你们呢。

陈　娟：亏心不亏心哪！

刘大根：票都订了。

陈　娟：他又给退了！

刘大根：礼物都买好了。

陈　娟：（指大根身上）都在这儿呢。

刘大根：你能不能不说话呀！

陈　娟：（顽皮地）我说错了吗？

刘大根：爸，妈，怎么也该先打个电话，好接你们呀！

刘　母：我说了，可你爸不听，说是要给你们一个惊喜。

刘大根：还惊喜呢，得亏我们没回，要不然，还不得走两岔儿去了？

刘　父：不可能！我的儿子我知道，那能走两岔儿吗？你小子那点儿心思，都在部队上呢，你们哪，回不去！

刘　母：头半拉月这老东西就给我做工作：咱去吧，别等他们啦，他们忙啊，咱去看孙子去吧……噢，对了，我那宝贝孙子在哪儿呢？

陈　娟：睡了，里屋床上呢！

刘　母：嘘——都小声点儿！

【从编织袋里一样一样掏出所带的东西。】

刘　母：（边掏边念叨）哎呀，来来来，你们快来看看妈给你们带的东西。这个呀，是给我孙子的，这个也是给我孙子的，（冲陈娟）这个是给我闺女的，这个是孙子的，这个是闺女的……

刘大根：哎呀，这人要是偏心眼儿呀，牛都拉不回来！妈，我的呢？

刘　母：妈就知道你小子会挑礼！你的呀，都在你爸包里呢。

刘大根：是吗？爸，都什么呀？

【刘父也一样一样地往外掏东西。】

刘　父：（边掏边念叨）这是咱家乡的红枣儿，这是核桃，这是烤鱼片儿，这是巧克力……

刘大根：爸，巧克力您也带呀，我从小就不爱吃这玩意儿，上火。

刘　母：浑小子，你倒是想吃，可那个年头儿咱家买得起吗？你以为你爸这是给你带的呀？这都是给你的那帮小兄弟儿们带的。

刘大根：嗨，他们可都是大人了！

刘　父：（深情地、若有所思地）大人，英雄，那是说在训练场上，在战场上，可赶上过年过节呀，见到了爹娘呀，他们立马又都成了孩子啦！

刘　母：所以你爸呀，今年非要来部队过年不可。不光为了看你们，他呀，更想看看现在的部队、现在的兵啊。

刘　父：变了，真是变了！如今这军营，简直就像花园啊！好哇，儿子，你们算是赶上好时候喽！

陈　娟：（仍感不安地）爸，妈，可是按说，还是应该我们回家看望你们二老才对呀。

刘　母：那是老理儿，如今都得破一破喽。你们小的时候，我们这些当父母的，跟着大山走，随着江河行，走到哪儿，你们都牵着爹娘的衣角跟到哪儿，哪儿就是你们的家呀。现在呀，我们老了，安居了，你们大了，也像父辈们一样去追祖国的大江大河去了！你们走到哪儿，哪儿也就成了我们的家喽。回家，回家，今天哪，我和你爸来看你们，不也是回家吗？

刘　父：父母儿女团圆，只是小团圆，干部战士团圆，那才是大团圆哪！我当新兵那会儿，国家正处在困难时期。有一年春节，我们的司令员牵着马、驮着年货来到我们部队，跟我们一起过年，一起包饺子。吃饭的时候，司令员挨着个儿地给我们夹菜、盛汤，看着我们吃。嗬，那顿饭，真叫一个香啊！吃饱了，我们才发现，司令员自己的筷子几乎没怎么动啊！当时，望着一脸慈祥的首长，你们知道我突然想起了谁？

刘大根、陈娟：谁？

刘　父：我突然就想起了我妈！……就这个事儿，你爸我一辈子都忘不了！（稍顿）所以，你小子呀，守着你的兵过年，老爸理解你！给你点赞！啥叫爱岗，这就叫爱岗！啥叫敬业？这就叫敬业！啥叫传统？这就叫传统！光荣传统！咱当兵的人，咱当过兵的人，军营就是家！连队就是家！是咱们永远的家！儿子，今天是大年三十儿，带上东西，咱们回家过年去！

刘大根：好，我带路。爸，妈，咱们回家过年！

合：回家！过年……

【切光。歌曲《陪祖国过年》歌声响起……】

——原载2007年1月9日《人民武警报》

中央电视台“军营大拜年”播出

尴尬的婚礼（相声短剧）

【主持人在讲到诸多消费当中不合理现象之后，引出一个“婚礼的故事”：“良辰已到，新人入场！”

键盘手奏《婚礼进行曲》，音乐大作，参加婚礼的“人们”喜悦登台。只是不见“新人”出现。司仪急忙喊停。】

司仪： 停停！停！（以手做停止状）

【音乐停止。众人哗然。

站在一旁八人“合说队”，在音乐中大声集体喊停：“音乐啊——你斯道普吧！新人啊——你在哪里？你在哪里？你在哪里啊——？”（电话铃声响起）“司仪啊，你接电话呀！”

众群众演员全部拿出手机，统一做倾听状。】

司仪：（接电话）喂？对，我是司仪。什么你四姨？还四姨夫呢！我是婚礼司仪！……什么？你大点儿声儿！婚礼是谁？哦，婚礼不是人，对，司仪是人！我就是司——仪——！司——，公司的司——，（合说队：司——，公司的司——，）仪——司仪的仪。（合说队：仪——司仪的仪。）司仪！司，哎呀……司机你知道不？对，司机……是的，跟“司令”的“司”一样……什么司令自己开车？司令、司机、司仪，都是一个司，哎，对……啊？谁说他们仨在一个公司啦?!（合说队：那他们在几个公司呀?）哎呀你们能不能别打岔呀……

【内喊："新郎新娘到！"

新郎新娘、伴郎伴娘慌慌张张上，新郎一脸歉疚。】

司仪：哎呀我的没见过面儿的亲爹亲娘哎，你们怎么才来呀？

【合说队七嘴八舌："太监急皇上不急，到底谁结婚哪？""干嘛去了这是！""这哪是结婚呀，整个一发昏！"……】

新郎：对不起！对不起！车，车出了点儿问题。

司仪：撞了？

新郎：不是撞了，是……超速！

司仪：超速还走这么半天？

新郎：不，……不是车超速，是车速表超速！

【合说队：嗯？什么意思？】

司仪：别着急，慢慢说。

新郎：我刚起步，车速表就指着120上了，你说，谁还敢加油啊？

司仪：这不挺快的么！

新郎：快什么呀！手扶拖拉机从旁边儿"嘟嘟嘟" "嘟嘟嘟"……一会儿超过去八个！后来掐指一算，敢情我这汽车每小时才跑12公里啊！

司仪：好么，牛车！

新郎：听说是机油闹的！

【合说队：这都什么玩意儿！】

新郎：不光这些，还有堵心的事儿呢！

司仪：还有什么事儿？

新郎：还有……（跟司仪耳语）

司仪：啊？！

【合说队：嘀咕什么呢？】

司仪：各位，事情的经过是这个样子的……（冲新郎）你说完了吗？

新郎：说完了。

司仪：刚才呀，新郎和新娘……（冲新娘）你还有什么要补充的吗？

【合说队：嗨！快说吧！】

司仪：新郎和新娘他们俩一起……是你们俩一起吧？

【合说队：你烦不烦哪！】

司仪：新郎跟我说，刚才新娘子和新郎官在附近的一个美容店化妆，做脸部祛斑痘的时候，把新娘子的脸做坏了。（众：啊？）为了不影响大家的情绪，工商局和消协的同志已经赶到那里处理此事，新郎和新娘十分感动，决定带伤举办婚礼！

【合说队：好！（鼓掌）】

司仪：让我们用平生最最热烈的掌声欢迎这对坚强的新人入场——！

【键盘续奏《婚礼进行曲》；合说队一本正经合唱婚礼进行曲："啦……"

新娘（男扮女装）蒙红盖头，新郎牵大红绸带伤从观众席里上场；众来宾鼓掌……在音乐中新人站定。乐止。】

司仪：深圳电视台、深圳人民广播电台、深圳工商局广播站、深圳消费者协会广播站，现在报告重大新闻！公元 2007 年 3 月 15 日，深圳上空祥云笼罩，紫气东来。据联合国教科文卫组织的精确测算，今天是一个百年不遇、千载难逢、花钱没地儿买、送礼请不来的良辰吉日。在这个日子里，老王家的大小子和老张家的大丫头，就要办事儿啦！

【合说队：祝贺！祝贺！热烈祝贺！（观众掌声）】

司仪：首先，进行婚礼第一项——新娘亮相，大家欣赏！

【键盘奏出恐怖音乐，新娘露出被毁容的脸。】

司仪：大家安静！俗话说得好哇，人有失手，马有漏蹄；常在河边走，哪能不湿鞋？头顶儿上那么多云彩，谁知道哪块儿有雨呀？你想要的不一定能够得到，不想要的出门就能碰上；饱汉子不知道饿汉子饥，光脚不怕穿鞋的，春蚕到死丝方尽，不是冤家不聚头……

【合说队：这都什么乱七八糟的！】

司仪：你们不知道，这姑娘曾经像天仙，美丽的脸蛋不一般。月亮见她躲着走，花儿见她准凋残。鱼儿见她沉江底，雁儿见她落山川。

【合说队：闭月啊，羞花；沉鱼啊，落雁。】

新娘：过去俺是一枝花，如今变成了豆腐渣。结婚典礼羞答答，没有脸面见大家。（扭捏用手遮羞状）

【合说队：沉鱼啊，落雁；闭月啊，羞花。】

新郎：媳妇媳妇你别为难，我的心里有誓言：海可枯，石可烂，我的真心永不变。

司仪：不管是健康还是疾病？

新郎：我爱她就像爱生命！

司仪：不论是富有还是贫穷？

新娘：我永永远远把她疼！

司仪：不管是年轻还是衰老？

新郎：谁也挡不住咱俩好！

司仪：不管是美丽还是丑陋？

新郎：……这都是什么美容院啊？作孽呀！

司仪：不管是美丽还是丑陋？

新郎：好好一个媳妇……你说这都哪跟哪啊？

司仪：不管是美丽还是丑陋？

新郎：老天爷，你倒是睁睁眼啊！

司仪：不管是美丽还是丑陋？

新郎：……我，（不忍看丑陋的老婆，咬咬牙）不管是美丽还是丑陋，爱情啊，决不能将就！

新娘：（绝望地）啊？！

新郎：老婆，我决不将就着爱你，我要真真正正地爱你！

新娘：（感动地）老公——！（唱：老公老公我爱你……）

【两人热烈拥抱……

键盘弹奏《你是幸福的，我就是快乐的》，在音乐声中所有男女舞蹈演员也都相拥……

合说队在音乐中朗诵："诚信啊，你多么珍贵！爱情啊，你多么纯粹！爱人啊；你多么遭罪……别说啦，说多了全是眼泪。"】

司仪：请大家化悲痛为力量，进行婚礼第二项——新郎新娘介绍恋爱经历。谁先来？

新娘：挺难为情的，还是你先说吧。

新郎：不，还是你先说。

司仪：女士优先，那就新娘先说。

新娘：俗话说得好，在家靠父母，出了门儿靠丈夫，嫁鸡随鸡，嫁狗随狗。你不说，俺也不说！

新郎：好，那就我说。我们俩吧，是在婚介所里认识的。头一次见面儿，嘿嘿，就拉手了。

新娘：死鬼，咋啥都说呢！

新郎：她把俺拉到一个茶馆儿。

新娘：要了两杯绿茶，五百。

新郎：虽然觉得挺贵，但看她这人吧，挺漂亮的，值！该破费就得破费！

新娘：接着，俺又把他拉进了商场。

新郎：我给她买了一身高档服装。

新娘：最后，俺又把他拉进饭馆儿。

新郎：她点菜，我买单。

新娘：后来，俺就让他找不着俺了。

司仪：婚托儿呀！

【键盘奏乐……】

新娘：在他找不着俺的日子里，俺进行了一番痛苦的反思。

司仪：都想些什么？

新娘：他这人挺实在的，这么骗他吧，一棒槌砸死个蚂蚁，总觉着有点儿于心不忍。

新郎：于是她就主动找到我，不但认了错，还向有关部门揭发了婚介所的黑幕。

新娘：于是他对俺真的产生了爱情，还给俺送了相思之物……

司仪：不会是红豆吧？

新娘：（酸溜溜地）哎呀妈呀！大哥你是咋知道的呢？

司仪：这位是卖醋的！

【合说队：红豆生南国，春来发几枝，愿君多采撷，此物最相思……】

新娘：真想不到，一帮干乐队的也这么有文化！

司仪：咳，没这么夸人的！他真送你红豆了？

新娘：送那玩意儿俗不俗呀！人家送的是绿豆？

众：绿豆哇？

新娘：对呀，两颗呢！（学新郎）“这两颗绿豆哇，一颗代表我的眼睛，一颗代表你的眼睛，想我的时候，你就拿出来瞅瞅……”哇，好好浪漫耶！

司仪：整个一傻大姐儿！那叫浪漫呀？

【内喊：工商局嘉宾到！】

司仪：有请工商局的嘉宾！

【内喊：消协嘉宾到！】

司仪：有请消协的嘉宾！

【内喊：美容院的假宾到！】

司仪：有请美容院的假……嗯？假宾哪？

【工商干部、消协干部和美容院老板鱼贯上场。美容院老板背后背着一根木棍、腋下夹着一张放大的支票，一副垂头丧气的样子。】

工商：各位来宾，各位朋友，新郎新娘，现在请消协的同志宣布新娘美容失败一案的处理结果。

消协：责令美容院全额退款并赔偿新娘十倍精神损失费！

【工商将放大的支票递给新郎。众鼓掌。】

消协：责令美容院法人代表当面向受害人赔礼道歉！

【美容院老板单腿点地、双手托着木棍递向新娘：大妹子，你就狠狠地打我一顿吧，这样我会好受一些……

新娘愤怒地抄起棍子冲美容老板大喊：“我打死你！”被众人拦住。】

工商：好，大家静一静，（一把从司仪手中夺过话筒）今天的婚礼，将由我来主持……

司仪：啊？那我干什么？

消协：别急，你的事儿，一会儿由我们安排！

工商：对了，差点忘了跟大家介绍了。（指司仪）这位大家认识吗？

众：认识，司仪呀！

工商：不对！他就是欺骗新郎的那个黑婚介所的老板！如今又骗到婚礼上来了！

【众愕然，议论纷纷。新郎揪住假司仪的衣领，被大家劝开。假司仪被推下场。】

工商：好了。各位来宾，各位朋友，沉舟侧畔千帆过，病树前头万木春，磨镰刀是为了更好地割麦子，有情人终成眷属！我宣布：婚礼继续进行！

【众鼓掌。】

工商：奏——乐！

【《婚礼进行曲》再次响起……

新人向观众席撒喜糖。】

（与栾殿湖合作）

2007年2月26日创作于北京

灯火万家时（小歌舞剧）

人物：新兵、老兵、女技术员、少数民族母亲、当地民族群众、水电部队官兵、合唱队员。

舞台场景：远处是灯火点点的水电建设工地，近处是高高耸立的脚手架和大型装载车，上面错落地站着施工的武警水电部队官兵。

一、引子——领唱、合唱《星星河，亲亲河》

【在舞台的一侧，一群当地的少数民族妇女在一位母亲形象的女声带领下，遥望工地上的战士们深情地歌唱着。她们企盼筑坝大军能早日建成水电站，实现千年的光明梦想。】

领唱： 头上有一条星星河，
脚下有一条亲亲河。
星星河上有一条船，那是弯弯的月亮，
亲亲河上有一群兵，穿着绿色的戎装。
星星河，亲亲河，都从咱心上流过，
弯月亮，兵哥哥，都是光明的使者……

合唱： 山作源头，天作源头，
一条大河万古流。
一年年河边走，一辈辈听浪吼，
却总是缺水少粮断灯油！

北京派来了菩萨兵，要把那电站修。

好似当年金珠玛，为咱们送自由。

【在电站大坝建设工地上，一位战士和战友们在深情地歌唱。他们畅想着奔腾无羁的大江，将变成一个造福于民的大型水电站的美好明天。】

小合唱： 身披你的蒙蒙烟雨，

手挽你的滚滚巨澜，

魂牵梦绕的大江啊，

千里万里我来到你的身边。

送一份祝福给你左岸的街巷，

掬一捧深情给你右岸的炊烟。

今天我截断你一江好水，

明天我还你个平湖春山……

二、领唱、合唱《劳动号子》

【雷声隆隆，大雨如注。武警水电部队的官兵们顶风冒雨，不畏艰难险阻战斗在大坝工地上。高亢的劳动号子就像当年红军战胜大渡河一样，此起彼伏，在峡谷间回响。】

领唱合唱： 哟嗬嗬……

风（呀么）风里走喂，雨（呀么）雨里行，

看见那大江河就（呀么）就动情！

一江（那个）好水哎，一群（那个）好兵哎，

战天地改山河，咱永远打冲锋啊！

哟嗬嗬……

筑（呀么）筑高坝哎，架（呀么）架长虹，

水电兵走到哪，哪里就放光明！
头顶着日月星啊，心想着老百姓呀，
共和国大建设，等咱们建奇功啊！
哟嗬嗬……

三、诙谐深情的对唱与情境表演唱《想家》

【大坝工地的夜晚，星星点点，月儿圆圆。

在以二胡、扬琴、笛子为主奏乐器的深情、舒缓的音乐旋律中，老兵（四川人）、新兵（山东人）和女技术员（江浙人）分别在高坡上、工地一角和台灯下，以各自家乡的曲调和方言，半说半唱地赞美着家乡，抒发着思念家乡、思念亲人的人性化的情感——情境表演唱《想家》

老兵坐在工地小憩，从贴身的衣兜里掏出儿子的照片，仔细地端详着……

高坡上，新兵眺望着远方……

台灯下，女技术员正伏案写着情书……

山东民歌《谁不说俺家乡好》的变奏音乐响起……】

三人合：一座座青山连着远方，
远方有俺的美丽的家乡。

女技术员：（唱·江浙方言）
门前的小路追赶着溪水，
房顶的炊烟随风轻扬。

老兵：（唱·四川方言）
那里的五谷把我养大，
那里的亲人让我牵肠。

新兵：（唱·山东方言）

好想那田垄里走着的俺爹，

好想那村头上站着的俺娘……

老兵：（老兵逗弄着照片上的儿子·唱）

笑，笑，憨娃儿你笑哪样？

是笑你爹脸儿黑，还是胡子长？

（夹白）小子！

人不可貌相，海水不可斗量，

老子娶你的妈呀，那是美女配豺狼（才郎）！

女技术员：（唱·江浙方言）

高山上雪花儿飘，河谷里菜花儿黄，

风卷白云把我心带向远方。

军中儿女（呀），情（呀么）情也长，

亲亲的人儿哟，

等到那灯火万家时，再为你着红妆……

【暗转：蓝天白云，远处雪山隐隐，近处峭壁临江。江岸山崖上，水电工地一片繁忙。一群藏族姑娘簇拥着一位汉族姑娘兰花由台口上，远眺对岸工地，舞蹈着，呼唤着……】

众：哟呵呵……

（唱）天上有一条星星河，

地上有一条亲亲河。

星星河上有一条船，在哪云彩里飘着，荡着，

亲亲河上有一个人，在那妹心里守着，放着。

【藏族姑娘们边唱边逗兰花，最后将她高高抬起，并向对岸呼喊：兵哥哥……

对岸的士兵齐声应答：哎……

兰花忽然向对岸呼唤起心上人的名字。】

兰花：阿——兵！

【对岸一士兵挥手呼应。】

阿兵：兰——花！

【江水滔滔，山风呼啸。

西部“花儿”音乐响起……】

兰花：说好的把妹手牵上，

哥当兵一个人走哩。

阿兵：哥担心亲亲河里起风浪，

打湿了妹妹的衣裳。

兰花：哥哥你走（咪）不让妹妹跟，

妹留下了你半颗心！

阿兵：野鸭子都晓得捉对对，

哥怎会不恋妹妹？

妹好比亲亲河边牡丹红，

哥是你花间的蜻蜓。

兰花：哥哥是阳雀雀妹是巢，

飞累了你就落下理一理毛。

阿兵：哥哥是树妹是藤，

缠来缠去都是（呀）情。

兰花：妹妹是雨哥是云，

没了你我哪来魂……

【音乐声中，舞台上飘起了雪花，情景逐渐过渡到红灯高挂、热烈喜庆的春节……

战士们拿来盏盏红灯，高挂在脚手架和大型装载车上……】

新兵：（高喊）爹！娘！——过年啦！

【幕内帮腔：过年了……

此起彼伏的鞭炮声和《陪祖国过年》前奏音乐同时响起……】

四、领唱合唱《陪祖国过年》

也许此刻的故乡，雪花正漫天，
村街上，庭院里，彩灯已高悬。
亲爱的爸爸妈妈，请多原谅，
原谅儿没能回家，陪你们过年。

也许老家的厅堂，已摆好酒宴，
端起杯，端起碗，也端起了思念。
亲爱的爸爸妈妈，是否知道？
儿正在军歌声中，陪祖国过年。

爸爸您别惦念，妈妈您别挂牵，
新世纪的军营越来越像家园。
祖国和士兵心相连，心呀心相连，
边关月不再冷，哨所风不再寒。

爸爸妈妈您别惦念，
妈妈爸爸您别挂牵，
儿正在军歌声中，陪祖国过年……

五、合唱《星星河·亲亲河》

【喧天的锣鼓声响彻大坝，水电站建成了，工地上沸腾了！千年企盼成为现实，各民族群众载歌载舞来到工地，军民共舞，喜迎光明。万家灯火点亮时，军民情依依，难舍鱼水情。】

头上有一条星星河，
脚下有一条亲亲河。
星星河上有一条船，那是弯弯的月亮，
亲亲河上有一群兵，穿着绿色的戎装。
月亮在那云彩里哟，走着，藏着，
兵哥哥在那江河上哟，守着，忙着。
月亮在那云彩里哟，走着，藏着，
兵哥哥在那江河上哟，守着，忙着……

2008年1月18日创作于北京

其他

这，便是永生

——献给李晓红烈士（诗朗诵）

公元二〇〇三年四月十六日，北京。

一位英雄倒下了，带着一颗赤胆，带着柔肠侠骨！

一棵青松倒下了，带着二十八圈年轮，带着满枝叶朝露！

一座山峰倒下了，带着气浪的冲腾，带着泥石的奔突！

李晓红，橄榄绿方阵中一位年轻的军医，我们的白衣天使！就这样走了！走得这样匆忙，走得这样急促。

你太年轻了，晓红！你才二十八岁呀！

二十八岁，一个多么富于诗意的年龄！

二十八岁，一个多么令人陶醉的季节！

你生逢盛世，政通人和；你聪慧开朗，阖家幸福。

你有知识，你有爱心，你有无量的前程；你深得燕赵遗风，神州造化；你天生丽质，良善纯朴！

你有闪光的理想，美好的追求；你有不移的信念，远大的抱负。

如果不是这场突如其来的灾难，有朝一日，你完全可能成为专家、教授，耕耘于花丛苗圃；

如果没有这场看不见硝烟的战争，不久的将来，你一定能够成为一位良母贤妻，高堂孺子共伴红烛……

这是你的理想吗？晓红！这是你的追求吗？晓红！我想是，

但我敢说，这不完全是！

你的追求，并非仅仅是个人幸福，而是战友和百姓的健康，是军人形象的完美，是奉献中的甘甜；你的理想，不在小家碧玉，而在社会文明和全民进步，在兴一个挺拔的民族！

面对凶猛的SARS，你挺身向前，大概没想什么立功和授予称号，但我敢说，你不会没有想起战士的职责；

当你倒在生命之路的尽头，大概没有想到追认和命名，但你一定牢牢铭记着军人的义务！

因为，你是国旗下的士兵！

因为，你是大中华的女儿！

我曾参加过许多的葬礼，我曾在那些葬礼上动情地哭过——为我的长辈、我的战友和我的领袖！我没能参加你的葬礼，我们的晓红！但是我哭了，我的心哭了！为你那永远定格在二十八岁的美丽，为共和国失去一位优秀的女儿，为那首用忠诚和道义谱写的天使之歌少了一个跳荡的音符！

你，李晓红，一个战士，一个二十八岁的白衣战士，一个刚刚成为战士不久的战士走了，何以能引白发将军折腰，万千战士注目？这是为什么？

你，李晓红，一名军医，一名二十八岁的军医，一名刚刚穿上军装不久的军医走了，何以能令千百童叟垂泪，亿万父老恸哭？这是为什么？

无须再问为什么，无须再问！

一位旷古伟人，早在张思德殉职的年月，就将无比正确的答案，写进了中国革命的史书！

我一万个拥护逝世的元勋们覆盖党旗、国旗或军旗，因为江山是他们打的，他们受之无愧！但我同时认为，这些旗帜中的任何一面旗帜，也完全可以用来覆盖那些为人民献身的百姓和士卒！因为正是他们，千千万万个他们，构造了我们民族的“民骨”和“民魂”；因为正是他们，千千万万个他们，铸就了我们民族精神的坚强支柱！

四月十六日啊！人说是你的忌日，晓红！但我却说这一天是你的生日！因为从这天起，你便得以永生！

战斗英雄董存瑞死于十九岁，于是，一个永远高举着炸药包、永远十九岁的董存瑞，便从此被绘入了中国革命历史的画册——这，便是永生！

共产主义战士雷锋死于二十二岁，于是，一个永远带着上士军衔、永远微笑着的二十二岁的雷锋，便从此留在了人们的记忆之中——这，便是永生！

你，伟大而美丽的白衣天使李晓红，死于二十八岁，于是，一个永远头顶国徽、永远身穿着橄榄绿军装的二十八岁的李晓红，也将从此印在人们心的屏幕——这，便是永生！

晓红，我们的晓红，祖国和人民的晓红——

一路走好……

2003 年 5 月 27 日创作于北京

——原载 2003 年 5 月 31 日《人民武警报》

我给爷爷拜大年（三句半）

甲：一不留神成了演员，

乙：才知道，做个明星有多难。

丙：鲜花掌声没个完，

丁：——真烦！

甲：我们仨人（指甲乙丙）台上站，

乙：一起表演三句半。

丙：多出来一位（指丁）没事儿干，

丁：——我捣乱！

甲：三句半，人人懂，

乙：爷爷们那辈儿都会整。

丙：如今的形势很严重，

丁：——要绝种儿！

甲：太阳月亮和地球儿，

乙：转来转去不停留。

丙：一转眼，又该给爷爷奶奶拜年啦，

丁：——磕头！

甲：祝离休的爷爷福寿绵长，
乙：祝退休的爷爷喜气满堂。
丙：祝在职的爷爷战绩辉煌，
丁：——您吉祥！

甲：万水千山只等闲，
乙：爷爷们革命了几十年。
丙：有空了，开开心心多游玩，
丁：——别疼钱！

甲：儿孙自有儿孙福，
乙：别再为我们费辛苦。
丙：自己注意点儿身子骨，
丁：——多补！

甲：爷爷们，老当益壮似青松，
乙：为国为民献终生。
丙：长大了，我们要走爷爷的路，
丁：——当兵！

甲：我决心扛枪保卫国防，
乙：我最起码也得当个连长。
丙：我争取带领你们去行军打仗，
丁：——我，上将！

甲：我们要让人民心花开，

乙：我们要让敌人全发呆。

丙：哪个胆敢，黄瓜跑到案板上，

丁：——它找拍！

甲：看完了节目都别散，

乙：请爷爷奶奶们去酒店。

丙：可以烧烤可以涮，

丁：——咱吃饭！

甲：喝美酒，吃海鲜，

乙：大家尽情来狂欢。

丙：司令员爷爷说好了，

丁：——他买单！

2010 年 12 月创作

——2011 年武警总部机关老干部晚会、总部机关幼儿园演出

菜蔬画语
——为军旅书画家陈玉辉画作配文（书画配文）

白　菜

彼此以“帮”衬，方可成就大叶；用“心”团结，才能形成“拳头”。

萝　卜

只要我在，“坑儿”必须在——这就叫忠于职守！

茄　子

你们战友聚会，合影留念，干嘛冲着镜头儿喊我小名儿？

芹　菜

有人对我说：把你名字那俩字儿倒个个儿，就是一歌星。

我说：少套近乎！姐姓的是三军联勤的“勤”字儿！

辣　椒

开展批评，如果整不出我的味道，那就是走过场。

丝　瓜

想当合格兵，你的单杠起码要达到我的水平。

红　薯

因为体型的缘故，我们弟兄一般都会被安排到炊事班，负责主食那块儿。

土　豆

小鬼，不是跟你摆老资格，想当年在战场上，只有通过电台才能和我对话——“土豆！土豆！我是地瓜……”

芋　头

哥跟萝卜不同，有没有“坑儿”，哥都在那儿——哥从来不占编制！

大　葱

把根扎深点儿，才有好身条儿。我表弟洋葱不信这个，结果憋得红头紫脸，长那个球样儿！

西红柿

未经磨练，你能红吗？不抹药水，我能红吗？

2014 年 5 月创作于北京

年味儿老家（皖北方言三句半）

漫天梨花一地棉，
看雪还是大平原。
万千美景在眼前，
——好年！

回乡过年看父母，
开车开得很辛苦。
宝马奔驰大路虎，
——照堵！

蒸鸡炸鱼杀年猪，
连骨头带肉一锅烀。
老板们全都进了灶屋，
——伙夫！

大红春联贴上门，
放鞭放炮接财神。
焚香烧纸祭先人，
——上坟！

亲朋好友大聚会，
怎么称呼都不对。
叔侄娶了两姐妹，
——岔辈儿！

你摆寿宴他结婚，
走罢老亲串新亲，
撒钱撒得手抽筋，
——闹心！

私厨包间农家乐，
扫码掏钱争请客。
拿号立等带拼桌，
——加座儿！

红的白的轮着开，
四喜五魁这通猜。
喝得头痛脖子歪，
——我的个乖！

半癫半狂半清醒，
最是酒场好风景。
换张桌子接着整，
——二筒！

打罢白板摸红中，

扔掉西风来东风。
输了不掏光想赢，
——孬熊！

前后不过三五天儿，
浑身上下胖一圈儿。
解下裤带点个点儿，
——打眼儿！

辞别故乡打道回，
点开微信直皱眉。
朋友圈儿大增肥，
——这都谁（呀）！

2019 年 2 月 18 日创作于利辛—北京

文章类

李琦“救火”

二〇〇〇年一月十八日，在甘肃省城兰州，在兰州的黄河剧场，由武警总部政治部主办、总部文工团和甘肃总队承办的张保和舞台艺术专场晚会《祝福大西北》，大火！

然而，首场演出刚刚结束，特邀主持人、中央电视台节目主持朱军因事紧急返回了北京。作为个人专场晚会，没了主持，节目还怎么演？戏是演火了，可演戏的也全上火了。团长凤一飞、导演王宝社及晚会的主角儿张保和，都上火了，急的！

俗话说，救场如救火。谁能救这个“火”呢？急难关头，大家同时想起了一个人：李琦。可是请李琦当主持，行吗？

“行！”王宝社了解李琦。他不光了解他的能力，更了解他的为人。与张保和一样，李琦也是一位西北大汉，大脑袋大眼睛大胡子，大手大脚大肚子。认识李琦的人，不分老少，大都尊他为“李大爷”。您别看这位“李大爷”长得五大三粗，但人极善良义气，细心巧手热肠子，西北人的优点在他身上全能找到。为了保和这个专场，他毅然推掉几十万元的影视片约和舞台演出，毛遂自荐当了《祝福大西北》的舞台总监。老实说，请这么一位细心又懂行的人来当总监，此前大家并非没有考虑过，但谁心里都清楚，当时正值年末岁尾，是那些星儿们腕儿们的黄金季节。让人家放弃挣钱的大好机会来给你干这个，谁也不好意思开口。李琦自己开口了：“钱是王八蛋，改天咱再赚。这个总监我当定了！”

啥叫“舞台总监”？说白了，就是个出力挨骂的活儿。李琦是自愿的，他人缘儿好，有信心干好。但是要干好就必须认真。这一认真不要紧，惹得几个平日里情同手足的小哥们儿翻了脸。李琦很伤心，他是一个宁伤自个儿身体也不伤朋友感情的人，可他就是不明白，如今是怎么了？这人和人之间的感情咋说伤就伤了，说没就没了呢？排练正紧，容不得发感慨。他迅速地稳了稳情绪，把脸转了过来，冲大伙儿一抱拳：“李琦不才，有对不住大家的地方儿，回头您怎么骂我都行，只是眼前一定要集中精力把晚会搞好。咱别冲李琦，冲张保和，冲武警文工团好吗？拜托各位小弟弟小妹妹了！”……

在这么个当口，又要请人家当主持，他能干吗？风一飞去找李琦。明白人就是明白人，老风话还没说完，李琦就明白了：“您是让我‘钻锅’？”

“你觉得怎么样？”

“不是我觉得怎么样，您现在要是能找着合适的主持，我是坚决不干！”老风心一凉。“问题是您不是找不着吗，那只有我最合适啦！”大家都很感动。王宝社一把攥住李琦，“有什么要求？”他是问串台词儿要不要修改，因为李琦跟朱军不同，李琦有李琦的风格。

“三条儿。”李琦说，“第一，串台词儿您甭费劲改了，我自己来。人家朱军那是正规主持，我来不了，我得把他的语言变成我的，但我保证绝不会离谱儿。第二，您也甭担心词儿多下不来，我连夜背，我拿不下词儿您拿我！第三，既当主持，《我也是西北人》就不能再上了。”

“那怎么行！”王宝社坚持，“《我也是西北人》挺火。”

“正因为这，才坚决不能上。您听我的没错儿！”

《我也是西北人》是怎么回事儿？这是一首歌，李琦自己作词作曲，自己演唱的一首歌，是为张保和专场晚会安排的几首助兴演出歌曲中的一首。首场演出中，这首歌激起了观众阵阵掌声。李琦提出不上，有他的道理：“我是搞喜剧的，凭我这副尊容，又是在西北乡亲面前，当主持不愁观众不给‘好儿’。再要一唱歌儿，你是让人家看张保和还是让人家看李琦？这是张保和的专场，主次咱得闹明白。就这么定了！”

“救火勇士”李琦把自己变成一朵小小的火花儿，巧妙地隐藏在张保和的光芒里，一起辉煌了一回。两位德艺双馨的大西北的儿子在舞台上配合默契，相得益彰，使《祝福大西北》在大西北狠狠地火了一把。

2000 年 1 月 20 日创作于兰州

——原载 2000 年 2 月号《曲艺》杂志

雅芬印象

雅芬，风吹杨柳沙沙作响、雨打荷叶滚珠落玉那年生于江苏无锡，听着太湖的涛声长大，踏着水乡的帆影远行，离开故土时满口吴侬软语，再见爹娘时一身绿色戎装。雅芬先后深造于苏州评弹学校、中国音乐学院和解放军艺术学院，凭借天生一副甜美歌喉和对歌唱事业的执著追求，在中国戏曲曲艺艺术、声乐艺术和中国传统民族民间文化、现代文化的天地里广采博学、兼收并蓄，终于形成了自己独特的演唱风格和艺术个性，从江南古城的小街深巷走进中国音乐的神圣殿堂。

雅芬，人如其名：雅雅的，淡淡的，低调，本分，不施粉黛，不事张扬，活泼而真诚，温馨而阳光。

雅芬，歌如其人：柔柔的，亮亮的，清丽，自然，没有矫情，没有做作，平实而洋气，婉转而刚强。

雅芬，情如其歌：痴痴的，浓浓的，专注，投入，感人肺腑，动人心弦，浪漫而激越，浓烈而绵长……

专家提醒：闲暇时日，喝酒或听雅芬唱歌，二者只可择其一，而不宜同时为之。不然，究竟醉于酒还是醉于歌，恐怕到时候您无论如何也很难闹得明白！

2003 年 8 月创作

做饭与酿酒

生活是创作的唯一源泉，这是一条颠扑不破的真理。许许多多成功的作家、艺术家，都是因为遵循了这一真理，才一步一步攀登上艺术高峰的。那么，是不是熟悉了生活、掌握了大量的原始生活素材就能写出好作品呢？以我个人的体会：不一定。深入生活、掌握素材，只是完成了创作的第一步，更重要的是如何去提炼生活，从一大堆生活素材当中去发现和筛选出有用的东西，在此基础上进行艺术构思，然后写出作品。而绝对不能只是把原始生活素材理理顺、排列组合一下就认为是作品了。近年来，常和一些基层部队的年轻同志探讨创作问题。一些同志说身边儿有成堆的素材，可就是不知道如何去写，总也找不着感觉；有的说感觉倒是能找到，就是写出的东西不感人，连自己都不好意思去看；有的说我写的确实就是发生在身边的事情，但人家不肯相信，于是只好在开头儿特意强调：这是一个真实的故事……其实这很正常，别说是初学创作，就是许多搞了多年专业创作的人，也同样会遇到这类烦恼。我们身边就常有这样的同志，很认真也很刻苦，经常看书看报，甚至大本儿大本儿地记录和摘抄先进人物的英雄事迹，而且常常被感动得热泪盈眶，可写出的作品呢？本该让人动容的地方，观众看了却觉得好笑。究其原因，就是因为少走了一道关键的程序——提炼生活。

写作写什么？我体会，无非写“三感”：即感觉、感受、感悟。这六个字看似简单，它可能会耗去你毕生的心血！阅历不到，感受不到；悟性不到，就很难做到。创作不是做饭，而是酿酒。做饭很简单，只要有米有水有火，谁都会做；但酿酒就不同了，它要蒸煮、摊晾、拌曲、发酵、窖藏甚至勾兑，通过这一系列复杂的工艺使米变成另一种新的物质：看着像水，却能醉人——这就是酒。创作的过程就是酿酒的过程，不同的是，把素材变成作品所使用的“酵母”，是作者的思想和感情！您知道《九九艳阳天》那优美的旋律背后却是一场爱情悲剧吗？你知道“忠诚卫士”蔡忠宝曾经有过一次令人心酸的失败婚姻吗？试想，如果剧作家们照搬生活、而不是使作品高于生活，那么还会有电影《柳堡的故事》和喜剧《让你离不成》吗？

一九七四年，我在四川大巴山深处的工程兵连队当战士。那年的十二月，我在刚刚复刊的《四川文艺》杂志上发表了我平生第一篇作品——数来宝《挑商店》。说的是部队一位后勤处长挑着货郎担送货上工地，为施工一线战士服务的事情。就是这篇三百多行的作品，改变了我的一生：在我即将复员回乡的前一个月，被借调到北京参加一九七六年的全国曲艺调演，继而在一九七七年庆祝建军五十周年、全军第四届文艺会演期间，正式调入原军委工程兵文工团，从事专业创作。因此，我对这篇对于自己来说堪称“敲门砖”的处女作非常感激也非常珍视，至今保存完好。然而，在我最近刚刚出版的文艺演唱作品选集《目标正前方》中，《挑商店》及其他一些早期作品却都没有被收进来。原因固然很多，但有一点对于搞创作的人来说可能是共同的：年轻时候，随便碰到一件什么事儿就眼前一亮，凭着“无知者无畏”的气概，嘁里喀喳就写出来了。也许当时瞅着踌躇满志，但若干年之后翻出来再看，你可能会发现它啥也不是！

由此引出了另一个话题——作家、艺术家一定要敢于否定自己！而且有时甚至是彻底的否定，不惜把已经成型的作品推倒重来！

2004 年 6 月 6 日创作于北京

拿自己说事儿

——在“保持共产党员先进性”教育大会上的发言

大家知道，一条清澈的河流，如果一夜之间变得浑浊不堪、鱼虾绝迹，不用问，一定是这条河出了问题。出了什么问题呢？于是大家就找，找来找去，在这条河的上游流域内发现了一批小造纸厂、小化肥厂、小味精厂、小皮革厂……于是就把它们一个一个地关了。慢慢地，这条河又重新出现了碧波。一片美丽的草原，几年之间，变得黄沙滚滚，满目荒凉，不用问，一定是这片草原出了问题。出了什么问题呢？于是大家就分析，分析来分析去，原来是因为过度开垦、牛羊放养、缺少防风林带，于是就退耕还草、把牛羊圈起来、大力植树造林。慢慢地，这片草原又恢复了往日的生机。一个以先锋队著称、由先进分子组成的政党，忽然有一天动员起她的全体党员，要开展一项叫做“保持先进性”的教育，不用问，一定是这个党在某些方面出了问题。出了什么问题呢？说含蓄一点儿，不那么先进了；说直白一点儿，出现腐败了！你看，群众在骂腐败，普通党员在骂腐败，领导干部在骂腐败，甚至连那些大搞腐败的人也在骂腐败！一句话，大家都在拿腐败说事儿，拿别人说事儿，拿共产党说事儿，谁也决不轻易地往自己身上联系。所以我认为，今天我们开展的“保持先进性”教育活动，如果不认真联系自我，不首先从我们每个党员自己身上查找我们党出现某些问题的原因，那么我们就是吃饱了撑得没事儿干，在那儿一本正经地开玩笑，认认真真地走过场，争分夺秒地浪费时间！

说到联系实际，联系自我，作为创作人员，我想说一点“保持先进性”和文艺创作的关系。我曾经在我的文艺演唱作品选集《目标正前方》的后记中写道：“创作不是做饭，而是酿酒。做饭很简单，有米、有水、有火，谁都会做；但酿酒就复杂多了，它要发酵，通过发酵，让米变成另一种新的物质，看着像水，却能醉人——这就是酒。创作的过程就是酿酒的过程，所不同的是，把素材变成作品所使用的‘酵母’，是作者的感情和思想。”说到思想，那么什么是思想呢？我理解：思，就是思考；想，就是想象。有了思考，有了想象，才有了作品。那么“思考”思考什么？对于这个问题，可以说在过去的若干年里我自己一直都没怎么弄明白，总认为琢磨着如何挖掘生活素材，如何运用写作技巧把生活素材串起来变成作品就是思考，其实这太浅薄了！一个视事业如生命的优秀军旅作家，应该更多思考的是国家和民族的命运，党的事业和前途，军人的职责和使命等等。因此，我们搞创作的同志必须不断地、认真地学习理论知识，关心时事政治，掌握政策法规，规范自己的言行，用人品来奠定作品的基础。也就是说我们要在思考“大问题”的同时，思考一些做人处事方面的“小问题”。说是小问题，其实是更大的问题。比如说到腐败，我们不要总是指责别人，咱们自己搞没搞腐败呢？剧院放电影，你自己白看也就罢了，而且还带着一大帮亲戚朋友，这事儿你干过吗？在火车票极度紧张的时候，你通过关系不但买到了车票，而且三张车票竟然带了五个座位号儿！这事儿你干过吗？会演参赛，因为评委里有熟人，或者你本身就是评委，于是就打招呼、搞串联、做手脚、整“猫儿腻”、偷梁换柱、李代桃僵，终于让自己本来不怎么样的东西获了高奖，这事儿你干过吗……如果干过，就是腐败！有人可能不以为然：这算什么呀？小事儿一桩！而我认为，事儿小理儿不小。因为你就那么大点儿权力，因为你就那么一点儿机会！试想，如果你的权力再大一点呢？如果你的机会再多一点呢？如果你的欲望再膨胀一点呢……所以，遇到问题老拿别人说事儿，不往自己身上联系，把自己摘得一干二净，这样的人，从部队的角度讲，你不能算是一个称职的好军人；从组织的角度讲，你不能算是一个合格的好党员；从社会的角度讲，你不能算是一个值得尊敬的好公民。所以我认为，保持先进性，得拿自己说事儿，首先得问问自己：我曾经做了些什么？今后我又该做什么？用一句朴素到家的话来回答：最起码，我该做一个好人吧！

2005 年 3 月 23 日创作于北京

哪边儿是北

我这个人从来都不属于很聪明的那一类，但也有过人之处，比如方向感，我就很强。据说（因为那时候我还不怎么记事儿）在我两三岁的时候，大人们指着老家村庄周围各个方位不同的景物，问我那是哪边儿，我都能准确地回答出来，为此没少受到夸奖。后来长大了去当兵，坐汽车换火车倒轮船再改汽车，被一下子拉到几千里外的大西南的大山沟里，虽然折腾得脑袋发晕，但下了车抬头看看天上的太阳，东西南北分得倍儿清，一点也不转向！再后来从四川调到北京，更是想转向都转不了，因为北京虽然很大，但毕竟是皇城，东西南北天地日月纵横相交左右对称，城市布局规范至极！

近年来，由于经济的迅猛发展，中国的城市发生了很大的变化。楼房多了，道路多了，桥梁多了，人造景观也多了，过去非常空旷开阔的视野一下子变得满满当当，印象里很熟悉的地方不知道被挤到哪里去了。因为时代变了，人们的观念也跟着变了。过去盖房子讲究坐北朝南，现在不一定了：有的面路，有的环湖，有的对河，有的依山，还有的谁也不看，楞把墙角砌得冲着人家的大门，方向一下子就乱了！北京还算好，要是到了天津、上海、青岛、大连或者广州，您十有八九找不着北在哪边儿！人们在感叹经济发展和环境变化日新月异的同时，却在不知不觉中失去了方向感。早晨，看不见美丽的日出；黄昏，看不见如火的晚霞；入夜，头顶上那枚不明不白的月亮，同它的来路一样不明不白——你根本闹不清楚它是从左边那群楼顶上还是从右边那群楼顶上冒出来的……然而，每当你离开闹市，走进田园，走进荒野，甚至走进茫茫戈壁大漠，看着从东方地平线升起、往西方地平线落下的太阳，看着静静流淌的溪水，看着风中摇曳的小树，甚至看着那无垠的空旷，你的心底都会油然生出一种极其安详和踏实的感觉，你的方向感都会很快恢复——毕竟，那才是自然啊！

想想人这一生，何尝不是如此。艰难清贫之时，为了生计，跋山涉水，挥汗洒血，忍辱负重，闯荡打拼，行于夜路却心明眼亮，朋友不多却推心置腹，何其真诚，何其自然；发达成功之后，掌声四起，镁光闪烁，鲜花笑脸，众星捧月，名载经传却丢了做人本分，话虽精彩却出自肺腑之外，往日质朴，荡然无存。地位易使人悬空，忘记根本；金钱易障人眼目，不辨南北。君不见某官升迁赴任在即，得意忘形，前程顷刻完结？君不闻某款身价千万亿万，挥金如土，转眼流落街头？人，不能没有追求，但追求的太多，得到的太多，就失去了自然；失去了自然，就没有了方向；没有了方向，自然就找不着哪边儿是北了。

——原载 2005 年 9 月 28 日《新民晚报》

曲艺鉴赏

——全军基层文化工作教程曲艺部分

曲艺是我国各地各民族说唱艺术的总称，是由古代民间的口头文学和歌唱艺术经过长期发展演变形成的一种独特的艺术形式。曲艺以文学为基础，与音乐、表演相结合，借说唱来叙述故事、塑造人物、表达思想感情、反映现实生活。

曲艺以其短小精悍、通俗易懂、谈叙幽默、声情并茂、反映生活迅速、演出轻便易行等先天优势而在军旅深深扎根并开花结果，深受广大官兵喜爱。

第一节　曲艺基本知识

曲艺艺术种类繁多，内容丰富，韵味迷人，博大精深。本节仅结合部队常见的主要曲艺形式与曲艺的基本知识做一些简要的介绍。

一、曲艺基本分类

曲艺通常分为说和唱两大类型。说的曲种主要有相声、山东快书、快板、评书等；唱的有单弦、坠子、评弹、琴书和各类大鼓等。在基层群众，尤其是军旅文化活动中，说的曲种通常较为流行。

（一）相声

相声是最为普及的曲艺形式之一，是由民间笑话演变发展而来，以讽刺见长、诙谐幽默的喜剧性语言艺术形式。相声的表演形式主要有以下几种：

1. 单口相声

单口相声由一个演员表演。单口相声所选择的事件，既要有生动的故事情节，又要有强烈的喜剧色彩。在叙述故事的来龙去脉时，一般采用反问式的手法，演员时而站在第三者的角度代替观众提出问题，然后再加以解答；时而以人物身份出现，形象地模拟每一个角色的音容笑貌，神态举止。他的叙述评论语言和角色人物语言十分紧密地交织在一起，有时在人物说话过程中，演员为了抖“包袱儿”，或为了对人物的言行加以评论，又可随时从角色中“跳”出来，加以评论或褒贬，十分灵活。

2. 对口相声

对口相声由甲、乙两个演员用一问一答漫谈的形式进行表演，它是相声形式中最为常见的一种。两个演员中，甲为“逗”，是主要叙述者；乙为“捧”，是辅助叙述者。捧对逗的叙述或同意、或反对、或讥讽、或评价、或提问、或辩论、或补充、或引申、或感叹，往往起到替其道破天机、为其画龙点睛的作用。

对口相声可分为以下几种体裁：

(1) 叙述体。也叫“一头儿沉”，是指甲和乙分担的表演任务相差而言。“一头儿沉”类型的相声多用于叙述一个完整的故事或事件。甲把自己的所见所闻、所经历的一段故事讲述出来，乙则作为甲与观众的桥梁，时而听甲叙述，时而与甲争论，时而替甲发挥。乙提出的问题，正是观众所要问的；甲给乙解释的，也正是他要讲述的内容。通过乙的反问、补充、解释、重复，使矛盾步步深入，层层展开，从而产生一系列的“包袱儿”，揭示出作品的主题。

甲叙述故事的方式与甲在故事中的身份直接相关，通常有三种情况：一是甲以第三者的身份介绍故事，而不是剧中角色。如侯宝林先生的著名相声《关公战秦琼》，甲只是讲了当年唱堂会时发生的一段事儿，他本人并未纠葛到故事之中去。二是甲作为事件中的重要人物来叙述，故事情节的发生发展都与他紧密相连，没他就没有这段相声。如姜昆的《虎口脱险》，甲就是那位不遵守公共秩序而掉到老虎洞里的人。三是甲在故事中是次要人物，往往是以主要人物的同事或亲友的身份出现。如《买猴儿》中的“我”。

在当前的相声创作中，叙述性的作品为数最多。

（2）争辩体。又叫“子母活儿”“子母哏”。这类段子，不是靠情节的发展，而是靠甲乙两人对某个问题的不同态度，相互争论，以机变取胜。有些“一头儿沉”的段子，一个人也能用单口的形式表演，而“子母活儿”的段子就绝无这种可能。这类作品中，甲乙对话几乎相等，双方各执己见，争论不已，你有来言，我有去语，从而产生连续性的“包袱儿”。如《蛤蟆鼓》等。

（3）贯口儿体。“贯口儿”就是一口气贯通的意思。演员为了说明某个问题，列举事实或介绍情况，把成套的写人、叙事、讲道理、发议论等大段独白一气呵成，连续不断地背诵下来，从而造成强烈的艺术效果。“贯口儿”的使用十分广泛，对风景的描绘、人物形象的描述、物品种类的罗列等等，都可以通过“贯口儿”来完成。如传统相声《地理图》《菜单子》，演员就是一口气说出几百个地名儿或菜名儿的。贯口儿的台词最好讲究音韵，注意平仄，富于节奏感。如此，则效果更佳。

（4）学拟体。主要是靠演员惟妙惟肖地摹拟或绘声绘色地学唱而表达作品的思想内容。如学唱歌曲、戏曲、曲艺唱段，学唱戏曲兼模仿唱、念、做、打，学说方言土语等。如《戏剧与方言》《改行》等。写作或表演此类相声作品，如能熟练掌握唱词的规律，熟悉音韵和了解被模仿者的专长及特点，学得逼真、恰到好处，一般都能收到良好的效果。

3. 群口相声

传统的群口相声大致有两种：一种是小喜剧式。这种群口相声一般由三人表演，甲为逗哏，乙为“腻缝儿”，丙为捧哏。所谓“腻缝儿”，就是补甲乙之不足，促剧情之发展，圆相声之完整，使表演更加细腻，结构更加严密，气氛更加热烈。如《扒马褂儿》等。当代相声在人数上常有突破，在表现功能上，虽然捧、逗、腻关系常发生互换或轮替，但捧、逗、腻三种功能是不变的。如《五官争功》等。另一种是对诗答句式。与三句半有异曲同工之妙。

此外，还有诸如化妆相声、相声剧等不太常见的相声类型。但无论形式如何变化，其本质依然没有离开相声。

（二）快板

快板起源于中国民间的口头文学，是由“顺口溜”发展而来的。快板运用中国语言自身的声调和节奏，加以适当夸张，似说似唱，形成优美、和谐、动听的韵律。快板的特点是形式灵活，简单轻便，易学易演，能够迅速地反映现实生活，可以根据形势的需要随时编写短小精悍的“段子”，宣扬先进典型，批评不良现象，揭露针砭时弊，是一种深受人民群众尤其是部队官兵欢迎的曲艺形式。

快板的表现形式很多，但最常用的大致有以下几种：

1. 数来宝

数来宝又叫对口快板，流传于全国各地，最适宜基层群众和部队官兵表演。数来宝通常由两个人以相互对答的形式表演，其语言诙谐、风趣，节奏感很强。数来宝唱词的基本句式为“三、三、七”句式，即“上六下七”，上下句的末一个字必须合辙押韵，并且同一声调。如：

党中央，号令传，

全军上下齐动员。

解放军，四总部，

调兵遣将开通路……

数来宝大多使用“花辙”，两句一组，一组一辙。（关于辙韵的知识，见本节“曲艺创作要素”部分。）如上例中“传”与“员”为一组，“部”与“路”为一组。但也可多组一辙。如：

咱们俩，早把婚事来商量，

说好“五一”要拜堂。

你爹刷了三天房，

俺爹宰了三只羊；

俺等你等到秋风凉，

盼你盼到树叶儿黄，

你到底安的啥心肠？

数来宝的内容信息量大，涵盖性强，一个段子可只叙述一个事件，更宜将多个事件、人物及其他叙述对象集于一件作品之中。

2. 快板书

流行于普通话所及地区，由数来宝发展变化而成。快板书通常由一位演员表演，说一段有头有尾的故事。一段快板书通常只使用十三道韵辙中的一道韵辙，即所谓“一辙到底”。句法上，快板书突破了原数来宝的“三、三、七”的句式，在以七言句为主的唱词中增添了“三字头”“垛子句”等句式。

所谓“三字头”，即在一句词的前面加上三个字，用逗号隔开，以解决我们使用通常的七子句时，一句话难以明示时间、地点、方位、人物、环境等等的问题。如：

七十年，历尽千辛与万苦，
小军校，变成了最高军事大学府。

车站里，刘家友救过老大娘，
集市上，刘家友斗过小流氓。

席栓柱：驻伊使馆警威扬，
高军强：可可西里斗豺狼……

其实，“三字头”并非要求完全限制在三个字上，有时根据需要可能是四个字甚至是五个字。如：

武警总部，红头文件往下传，
号召部队，学习家友好党员。

如果说，把同志们比作暖水壶，
咱们站党委，就是一个大锅炉……

当然，三字头也好，四字或者五字头也好，其作用和意义都是一样的，只要表演时把节奏和韵律方面的问题解决好了，一样具有美感。

所谓“垛子句”，即把许多方面的信息和内容浓缩成以四字为基础的简短句式并组合起来。垛子句一般用于作品的开始和结尾部分，用以引出正文或作最后的总结升华。

用在开头部分的如：

五十年，咱们工业发展、农业丰收、政治稳定、经济腾飞、国防巩固、外交胜利、科技领先、教育进步、百业振兴引起了世界大惊叹！

用在结尾部分的如：

让我们在党中央的领导下，

携手并肩、同心同德、努力开拓、奋勇拼搏、踏平坎坷、填平沟壑、红红火火、蓬蓬勃勃——

再创造一百个五十年，

留给长江，留给黄河！

这些句式的运用带来的内容和形式丰富变化，大大增强了快板书的表现力和感染力。

3. 群口快板

也叫快板群、群口数来宝。表演者以 4—8 人居多。宜叙事，更宜作形势宣传。如：

甲：英雄好汉也有家，
家中也有爹和妈。

乙：夜深人静也想家，
逢年过节也想妈！

丙：可你们，想的最多是国家，
想的是祖国千万家，

丁：想的是千万百姓家，
想的是，千千万万爹和妈！
（白）英雄们，你们不愧是——

甲：人民群众的子弟兵！

乙：犯罪分子的大克星！

丙：和谐家园的“防护林”！

丁：国家利益的守护神！

合：你们立下的壮志能移山！

焕发的气势冲破天！

锻造的脊梁永不弯！

培养的精神弘扬光大在天地间！

4. 方言快板

是指用各类地方语言表演的快板。较常见的有天津快板、陕西快板等。其中天津快板除须用天津方言说唱之外，还要伴以音乐，其节奏轻松活泼，旋律优美动听。

5. 音乐舞蹈快板

包括锣鼓快板、音乐快板、踢踏快板、舞蹈快板等等。这类快板其实就是以数来宝的演唱脚本和语言节奏为基础，伴以音乐和舞蹈，以群体的形式进行表演，比较适合在诸如节日庆典之类活动中演出。考虑到伴奏、伴舞可能会把节目抻长，所以，这类快板脚本的篇幅应相应压缩。

（三）山东快书

山东快书是曲艺演唱形式中比较有特色的一种节目形式。山东快书起源于鲁西南一带并广泛流传于中国北方地区。山东快书通常由一个人表演，以说唱为主，动作表情为辅，一人多角，进进出出，说表相间，有板有眼。山东快书的伴奏乐器是两块半圆形的铜板儿，又名鸳鸯板。山东快书作品要求具有较强的故事性，要有人物、有情节；辙韵上要求“一辙到底”，中间不能换辙。基层官兵要想演好山东快书，首先要学会地道的山东话。山东话的特点除了诙谐流利、刚柔兼备外，它的方言较之普通话发声有较强的规律性可循：一般说来，普通话发一声的字，山东话发二声；普通话发二声，山东话发四声；普通话的三声，山东话就变成了一声；普通话的四声大多是山东话的三声。掌握了这个规律，学说山东话并非很难。其次，要认真学好山东快书的表演。好的山东快书演员除了铜板儿功夫需要过关、吐字发声准确清晰之外，同时要具有很强的韵律感、节奏感和幽默感，要接受一定的形体训练。这样，表演起来才能得心应手，挥洒自如；刻画塑造人物才能生动传神，表达思想情感才能淋漓尽致。

（四）唱词

泛指曲艺中的韵诵、曲唱类节目，诸如单弦、大鼓、琴书、坠子、弹词等等。因其起源、流行的地域各异，故其演唱形式、语言声腔以及所使用的伴奏乐器大多各不相同。出于叙述故事、刻画人物或表达情感的需要，一些曲种在形成发展的过程中出现了规范唱词格式和语言节奏的曲牌，如单弦中的“太平年”“怯快书”“云苏调”以及山东琴书中的“上河调”“凤阳歌”“叠断桥”等等。因为唱词对于行腔、伴奏及演员等诸多因素的要求比较专业，所以限制了其在群众中和基层部队的推广和流行。近年来，唱词类作品吸收了许多姊妹艺术的长处并与之结合杂交，出现了语言相对简单通俗、篇幅相对短小精悍的诸如大鼓歌、琴书歌、坠子歌等易于演唱和流传，为广大群众尤其是部队官兵喜闻乐见的崭新的曲艺演唱形式。

二、曲艺基本特点

曲艺的基本特点，集中体现了曲艺之所以深受欢迎的重要原因和根本点，把握曲艺基本特点，对我们欣赏曲艺、创作曲艺都是很有意义的。

（一）乐观表现生活

表现生活、紧贴生活是所有艺术的共同特性和追求。就曲艺来说，虽然表现生活的手法多种多样，但乐观地、风趣幽默地表现生活，仍不失为曲艺的一个突出特点。比如曲艺作品中的“包袱”，就是一种重要的构成喜剧效果的技术技巧，它被多种曲艺品种视为看家功夫、生命线。而曲艺的这种乐观幽默的风格特点，长期以来，也培养了广大人民群众的一种欣赏潜意识，在观赏曲艺作品时，往往都带着强烈的愉悦期待。曲艺诙谐幽默的艺术表现特点，给人民大众带来了巨大的愉悦满足。

（二）语言生动幽默

语言生动幽默是曲艺艺术的一大特色，也是曲艺深受广大人民群众欢迎的重要原因之一。一部成功的曲艺作品，往往与它语言的生动幽默密不可分。比如，著名相声大师侯宝林的《醉酒》中那个醉鬼“爬手电筒光柱”的语言，不仅生动幽默，而且寓意深刻，令人回味无穷。

（三）声腔韵味浓郁

曲艺形式，首先无论是以说为主，还是以唱为主，都充满了强烈的节奏美，音韵美。其次是曲艺多用地方方言，而地方方言则是一个地区独特文化风俗民情长期积淀的结果，因此充满了亲切浓郁的风味韵致。三是曲艺音乐是在吸取各地各民族音乐精华的基础上，经过长期的润饰打磨而逐渐完善的，就像陈年老酒一般，既简练又韵味十足，令人过耳不忘，意味绵长。

（四）表演规范活泼

曲艺的表演，各门类都有各自的规范程式。如相声要求在生活化的表演中体现深厚的艺术功力；快板书以竹板，山东快书以鸳鸯板，琴书以扬琴，评弹以琵琶为乐器道具等等。这些程式都需要严格的训练。曲艺因其特别注意学习、吸纳其他艺术的长处、善于模拟再现生活，所以具有开放活泼的特点。正是这种自由开放的艺术追求，形成了曲艺表演艺术的独特魅力。

三、曲艺表现要素

（一）故事情节

曲艺作品虽然篇幅短小，但一般来说，每一件作品都能讲述一个完整的故事；而每一件成功的作品，无不首先有赖于故事中那严谨曲折、引人入胜的情节。所以，在曲艺创作中，在选取合适的创作题材之后，故事情节的铺陈安排就显得尤为重要。如山东快书小段儿《赔茶壶》：部队助民劳动住在房东大娘家，战士小吴不小心打碎了大娘的一把茶壶。小吴去买壶赔偿，营业员却不卖——因为卖茶壶的女同志是大娘的儿媳妇！那么，这把壶是不是就不赔了呢？不，“小吴求老胡，老胡找老涂，老涂又去托老卢，这才买来这把壶！”一件小作品，反映个大题材，得益于一个完整的感人的故事情节。

（二）人物语言

创作曲艺作品选择的中心事件要紧紧连着人物活动，事是人做的，有人就要做事。写人没有具体事件，只发空头议论，人物形象是立不起来的。鲜活的人物形象源自作品中人物的性格特征，而人物的性格大都是通过人物语言体现出来的。我们评价一件作品是否生动，往往大都是看它的人物语言是否精彩和富于个性。曲艺作品的人物语言大都是通过人物间对话的形式展示给观众的。所以，写好人物对话，能直接表现人物的音容笑貌，展示人物的性格特征，表明人物的立场观点、思想感情和对人对事的具体态度，从而使人物形象自然而然地活起来。如山东快书《血战瓦市街》，其中就有这样一个片段：

同志们听说撤换着了急，
七言八语把话接：
这个说："不行，首长！俺们能攻也能守，
为什么不叫俺趁热来打铁？"
那个讲："对，硬骨头就要硬到底，
用不着五连把俺的阵地接。"
（白）"俺不撤！""不撤！"……
尹连长把手一挥："吵什么！
怎么牢骚怪话那么些（呀）？"
他虽然不让大家把话讲，
可他自己比谁的态度都坚决。
"咔！"参谋长面前敬了个礼，
"请首长替俺把上级的关怀来感谢。
你就说，硬骨头面前没困难，
守阵地，俺人员弹药都不缺。
俺保证人在阵地在，
用最后的胜利来报捷……"

这个快书片段展示给观众的是，因连续激战而伤亡重大的先锋连的官兵，听说要把他们从阵地上撤换下来，情绪激动，坚决要求继续战斗，直到最后胜利的感人场面。

我们在设计人物语言时，一定要注意人物的身份、性格和文化背景，即"这个人物"的语言只有"这个人物"才说得出来。人物语言写得亲切生动，形象逼真，才能引起观众的共鸣，有了共鸣，才会有笑声。所谓"会心地一笑"，这个"会心"，就是共鸣的意思。如相声《打电话》中不讲公共道德、不遵守公共秩序的那位，在我们的生活中就不乏其人，所以大家感到似曾相识，他的语言大家也好象在那儿听到过，所以就有了共鸣，有了笑声。

（三）辙韵四声

1. 辙韵

辙韵，是指在创作板书、韵诵类曲艺作品如快板、山东快书和唱诵类曲艺作品如单弦、琴书、大鼓以及戏曲唱词、诗词时所押的韵脚。按照汉语拼音韵母区分，辙韵通常被分为十三道大辙：

中东辙（韵母为 ong、eng，如 dong 东、feng 风、tong 通、sheng 生）；

发花辙（韵母为 a、ia、ua，如 ha 哈、jia 家、kua 夸）；

梭波辙（韵母为 o、uo、e，如 wo 握、guo 郭、che 车）；

人辰辙（韵母为 en、in、un、ün，如 ren 人、勤 qin、昆 kun、qun 群）；

言前辙（韵母为 an、ian、üan，如 wan 完、jian 坚、quan 圈）；

江洋辙（韵母为 ang、iang、uang，如 dang 当、xiang 乡、zhuang 庄）；

怀来辙（韵母为 ai、uai，如 cai 猜、shuai 摔）；

一七辙（韵母为 i、ü，如 ji 基、xü 须）；

灰堆辙（韵母为 ei、ui，如 fei 飞、gui 归）；

遥条辙（韵母为 ao、iao，如 gao 高、xiao 宵）；

姑苏辙（韵母为 u，如 zhu 朱、chu 出、hu 乎）；

由求辙（韵母为 ou、iu，如 gou 勾、xiu 修）；

乜斜辙（韵母为 ie、üe，如 jie 街、xue 靴）。

除以上十三道大辙外，长期以来，还有人根据汉语的口语习惯，总结出“小人辰儿”“小言前儿”两道小辙（即“儿化音”，如“蹄儿”“门儿”“天儿”“边儿”等）。实际上，并非只有“人辰”“言前”这两道辙才有“儿化音”，其他辙韵同样可以。

辙韵常识是创作板书、韵诵、音韵类作品必须掌握的一门知识。曲艺创作中如何运用好辙韵，许多曲种都有自己的一定之规。比如，数来宝使用“花辙”，即根据内容需要可以随时转换辙韵；山东快书、快板书、唱词类作品必须一辙到底，中间不能换辙等等。

2. 四声

四声是指汉语普通话发声的四种声调。即阴平（第一声）、阳平（第二声）、上（shǎng）声（第三声）、去声（第四声）。通常情况下，我们把四声又分为“平声”和“仄声”，即“阴平”“阳平”为“平声”，多用于板诵类、唱诵类和诗词类作品一组（两句）词句的下句的末尾；“上声”“去声”为“仄声”，则用于上句末尾，即所谓的“上仄下平”。但是，作品首句的末尾一字一般多为平声且在辙韵上，即所谓“定辙句”。如：

精生白骨成祸灾（zāi 平声，定辙句）

金猴举棒扫尘埃（āi 平声）

今日欢呼孙大圣（shèng 仄声）

只缘妖雾又重来（lái 平声）

唐三藏西天取经多磨难（nàn 仄声）

孙悟空斩妖除怪把路开（kāi 平声）

平仄声（四声）的运用在传统诗词和戏曲唱词上要求极为严格，但在曲艺中相对就宽松得多。这是因为一些板诵类曲种（如山东快书、天津快板等），大多使用方言和很口语化的轻声字，所以四声的运用较之普通话有所不同。

（四）“包袱儿”

“包袱儿”是曲艺作品塑造人物、渲染情节、表达思想内容的重要手段。“包袱儿”可以推动作品的情节跳跃着发展，从而减少了许多繁琐的交待。就相声而言，都是由一连串大大小小的“包袱儿”贯穿起来的，没有“包袱儿”，便不成其为相声。“包袱儿”可分为四个部分：一是铺垫，就是把所叙述的事物，包括时间、地点、人物交待清楚，给观众留下印象，为后面的“抖包袱”打好坚实的基础。在“铺垫”时，“铺”要铺得平，“垫”要垫得稳，使观众不知不觉。待“包袱儿”抖开时，又不突然费解，反而感到合情合理。二是支出，就是在“铺垫”完以后，还要想法把观众的思路引开，让观众产生错觉，使观众在心里有“阴错阳差”的感觉。三是抖开，就是把“铺垫”和“支出”部分交待清楚后，把真实的结果告诉观众，观众明白了真相，发出笑声。包袱的抖开要抖得响、抖得干净利索，不拖泥带水。四是缝上，“缝包袱”是在包袱抖开的基础上再缝上一笔，补充原委，合理解释，令人信服。相声的“包袱”一般有方言、曲解、重复、误会、矛盾、映衬、拟人、双关、谐音、对仗、贯口、打岔、错觉等等。这里仅举几例，如：

1. 方言

相声《戏剧与方言》（片段）：

甲： 我坐下他给我刮脸，刮完脸他指着我的脑袋问我：（学上海话）“喏！打（汏）一打好不啦？”

乙：（惊愣）怎么，要打你？

甲： 我想解放后不准打人了，（怀疑地）怎么刮刮脸还要打我一顿？

乙：你可以问问他呀。

甲：我问啦。我说："你是就打我一个呀，还是来这里的客人都打呀？"

乙：他说什么？

甲：（学上海话）"一样格，通通打啦！"

2. 曲解

相声《讲帝号》（片段）：

甲：光绪嘛，"光绪"，他这个——西太后垂帘听政。

乙：这我知道。

甲：她拿光绪当幌子，拿他当一盏灯。

乙：当一盏灯？

甲：到时候，他那灯油干了也不让他灭，再给他续上点儿，光了续，光了续，所以他叫"光绪"。

乙：这么个"光续"呀！

3. 对仗

相声《对对子》（片段）：

乙：我说"五"。

甲：我给你对"三"。

乙：我说"月"。

甲：我给你对"星"。

乙：我说"黄"。

甲：我给你对"白"。

乙：我说"梅"。

甲：我给你对"兰"。

乙：我说"天"。

甲：我给你对"地"。

乙：我这五个字搁一块儿，是一幅上联儿。

甲：我这五个字联在一起，是一幅下联儿。

乙：我的上联儿是——“五月黄梅天”。

甲：我的下联儿是——“三星白兰地”……

4. 打岔

相声《新桃花源记》（片段）：

甲：贤弟，看时辰酉时已过，室内不见蜡烛，为何明如白昼啊？

乙：哦，你说天这么黑了，为什么还这么亮？

甲：然也。

乙：别然也了，我告诉你呀，有电灯了。

甲：一个灯泡儿装几斤电？

乙：几斤电啊？那电不论斤，论瓦。

甲：那一个灯泡儿装几片瓦啊？

无论是相声还是其他曲种，“包袱儿”的构成规律，都应该是既在意料之外，又在情理之中，所有的“包袱儿”都应该是随着故事情节的发展而自然产生、由矛盾而引发，而不是人为地生造硬加进去的“外插花”的东西。

第二节 军旅曲艺作品欣赏

曲艺走进军旅数十年来，一直与广大官兵如影随形。无论在平时还是战时，军旅曲艺在着力表现火热的军营生活和士兵风采，在鼓壮军威、振奋士气、弘扬战斗精神等等方面，一直都在发挥着文艺轻骑兵无可替代的作用。历经几代专业曲艺工作者和业余曲艺骨干的辛勤耕耘，军事题材曲艺创作已在绿色军营深深扎根，并结出累累硕果。

一、南腔北调抒发陆海空天官兵情怀

我们在前面已经介绍，曲艺源自祖国各地区、各民族的语言和音乐，它地方特色浓郁且别具一格。曲艺的这种汇聚南腔北调的声韵特点，使其相对于音乐艺术来说，更具原汁原味之美。曲艺的声腔还常常成为其他音乐创作的素材。相对于同样具有浓郁地方特色的戏曲艺术来说，曲艺的音乐更显丰富多彩。曲艺的韵调，是沁入心脾的故乡音，是挥洒开去的家国情。曲艺所独具的这种南腔北调的优势，成为生动表现陆海空天官兵情怀的重要手段。如曲艺组合《群英谱》（片断）：

【河南坠子】

密云水库哨位前，

杨明英，将一杯好酒洒向水天！

山生啊山生！你的英子又来把你看，

有多少心里话要对你言。

你走后，战友们时常上门问冷暖，

组织上关怀好似那春风入心田……

（主持人请霍山生同志的妻子杨明瑛和观众见面……）

【苏州评弹】

国际都市大上海，

壮丽辉煌好气派。

南京路，老树新枝面貌改，

嘹亮的军歌唱不衰。

好八连的传人多豪迈，

十中队，文明之花沪上开……

（主持人请十中队的代表和观众见面……）

【数来宝】

北京军区总医院，

有个孙茂芳，学习雷锋是模范。

住院的农民吃过他的粮，

看病的战士住过他的房，

睡过他们家的折叠床……

（主持人请孙茂芳和观众见面……）

……

曲艺组合，是指将几种不同的微型曲艺形式组合在一起演唱，每一种形式分别介绍一个或多个人物或事件。运用曲艺组合形式宣扬部队先进典型，歌颂新人新事，篇幅短小精干，信息量大，效果奇佳。

除曲艺组合外，传统群众性表演形式三句半，更有异曲同工之妙。如三句半《军营笑星大拜年》（片断）：

甲：兵多将广正规化，

乙：陆军堪称巨无霸！

丙：三军里边儿论上下，

丁：——老大！

甲：人民海军显奇能，

乙：云里飞来浪里行。

丙：又是雄鹰又是龙，

丁：——俩名儿！

甲：空军官兵抱成团儿，

乙：时刻紧绷战备弦儿。

丙：跨海飞天只当玩儿，

丁：——王牌儿！

甲：第二炮兵第一流，

乙：养了一群“窜天猴儿”。

丙：那真是，老牛喝了“二锅头”，

丁：——醉（最）牛！

甲：执勤处突反恐怖，

乙：武警尽创新纪录。

丙：新装备新人新战术，

丁：——好酷！

短短几段说词，便概括了人民武装力量在新军事变革中发展变化的主要面貌特征。

二、合辙押韵演绎东西南北军旅风采

合辙押韵是构成中国语言美的重要方面，也是曲艺艺术创作、表演技巧的一个重要方面。曲艺中的合辙押韵，既讲究而又不深奥，既源于生活而又高于生活。曲艺所特有的这种充满节奏美、灵动美、智慧美的辙韵技巧，在生动表现东西南北的军旅风采中，展示着巨大的艺术表现力量。

如数来宝《光荣属于谁》（片断）：

着陆场：葡萄美酒夜光杯，

喜迎“神六”鼓乐催。

“神舟”六号，出征太空班师回，

你们说，这光荣，首先应该属于谁？

测　控：嗨！这个问题我来讲，

要我说，它首先应该属于发射场！

……

发　射：各位可别这么说，

其实大家比咱干得多。

如果真要一块儿比，

我觉得，火箭系统了不起！

……

火　箭：听了各位一番话，

只觉得脸上火辣辣。

真要是大家一块儿论高低，

我觉得，测控应该排第一……

最能体现辙韵美的曲艺形式，首先当属数来宝。这篇数来宝由七位演员分别代表发射场、着陆场、测控、飞船、航天员、运载火箭、航天应用七大系统，尽管内容多，信息量大，但自如优美的辙韵转换，为准确生动地表现、刻画战斗在航天战线上的英雄们，在荣誉面前相互推让、相互敬佩这一巧妙、深刻的思想艺术主线，创造了广阔的语言表现空间。

辙口韵脚的灵活运用，不光能从不同方面体现曲艺艺术的魅力，同时也能检验曲艺创作者驾驭语言的功力。与数来宝使用“花辙”不同，一辙到底的快板书同样能够写出押韵合辙的精妙语言。

如快板书《“北京时间”守时兵》（片断）：

有人说啦：嗨，一个钟表，要那么准确干什么？

这年头儿，干什么事儿不都是大概也许差不多嘛！

（白）“差不多？”

照你说，开火车可以不看表，

开飞机，全都靠瞅着太阳瞎估摸；

做手术，就凭着看星星月亮听鸡儿叫，

上班的，下班的，上学的，放学的，

全都跟赶集放羊差不多！

最热闹，莫过于火箭卫星发射场，

专家们说出的话语都可乐：

（白）“张总，点火吧?’”“再等等，老李。”“还等啥呀?”

“等那树影儿再往前挪一挪！”

（白）哎！这都什么事儿呀！

三、说学逗唱描绘和谐军营崭新面貌

大家知道，“说”“学”“逗”“唱”是相声表演的四门功课。作为一个相声演员，这些功课学得是否扎实，运用得是否自如，直接关系着作品呈现的成败。尤其是“故事型”相声，更是如此。有故事就有人物，有人物就有人物行为和人物语言，而这些人物行为和人物语言，都需要演员运用所学习掌握的“四门功课”去讲述、模仿和再现。因为相声作品中的人物行为各不相同，语言千差万别，这就要求演员必须熟悉生活，熟悉人物，不但要熟悉人物的外在形象，而且要了解他们的内心世界。这样，我们的表演才能真实贴切，富于感染力。我们要创作和表演好反映部队生活的相声，一定要熟悉军营生活，熟悉士兵语言。做到了这些，你的作品和表演才能在广大官兵中引起共鸣。如相声《战友，战友，亲如兄弟》（片断）：

甲：“今天是什么日子？忘了吧？今天是你的生日呀！”

指导员说到这儿，通信员一手端着龙须面，一手拎着生日蛋糕就进来了。接着全班同志一起涌了过来，围着我就唱上咧："祝你生日快乐！祝你生日快乐……"

乙：太动人了！

甲：当时，俺是一边接受同志们的祝福，一边流泪。接过指导员递过来的蛋糕，俺又放下咧。

乙：怎么不吃呀？

甲：俺太激动咧，吃不下去呀！自打俺娘去世，俺几乎把生日都给忘咧。可是指导员和同志们……让俺说什么呢？

乙：什么也别说了！

甲：说句心里话，一开始，俺对部队并没有多少感情。觉得部队苦、累，缺少温柔，缺少浪漫。现在俺才明白：俺们部队就像是一只不锈钢的暖水瓶，外边看冷冷的，可里边儿热乎着呢！也许俺比喻得不太恰当，俺想，如果把俺们中队比做一辆汽车，俺们的党支部就是发动机；如果把战士们比做灯泡儿，俺们中队的干部就是插座儿；如果把全队同志比做暖水瓶里的热水，俺认为俺们的指导员就是……

乙：什么呀？

甲：……烧锅炉的！

乙：嗨！

此外，相声语言，尤其是争辩体的相声语言，一定要简短明快、要口语化，说着上口，听着顺耳。上口，就是语言能够流畅地表达出要说的意思，最好能够具有节奏感和韵律感，便于叙述。顺耳，就是语言的组织和语汇的运用要符合群众生活中说话的习惯。如相声《大与小》（片断）：

乙：说我参军来到了部队，决心当一名伟大的战士！

甲：我没有您那么大的抱负，我将来长大了当兵，就到您那个部队当一个小小的干部。

乙：再小也是我首长呀！

甲：立正！向右看齐！

乙：这就来啦！

甲：队列里不许说话！

乙：是……我，报考军校，决心当一名光荣的军校大学生。

甲：到时候别忘了告诉我您在哪个学校。

乙：干嘛？

甲：我争取调到您那个学校当一个小小的教授儿！

乙：嗬！再小也是我老师呀！……我坐着大卡车，跟随大部队，去参加一次很大的战役。

甲：什么战役？

乙：围歼犯罪团伙儿。

甲：密切注意敌人的动向，有情况随时向我报告！

乙：是！哎，你是干什么的？

甲：我正坐在小汽车儿里指挥着那次很大的战役。

乙：嘿！我们打了一个漂亮的大胜仗！上级给我记了大功；我戴着大红花去参加庆功大会，走上了宽大的主席台……

甲：您说的这些，都是我们在小会议室里研究决定的！

乙：嗨！

四、寓庄于谐激扬当代军人战斗精神

生活中原本就充满了喜怒哀乐，而由喜怒哀乐又生发出了许多更善于表现某种情感的艺术形式，如在戏剧中就有正剧、悲剧、喜剧等。曲艺无疑是善于表现幽默欢乐的一门艺术。当代军人的情感世界既是一个丰富的世界，更是一个崇高的世界。它的丰富在于，它在拥有常人的喜怒哀乐的同时，还更多地品尝着奉献牺牲的丰富体验；它的崇高在于，它要时刻为了他人生活情感的丰富，以军人特有的昂扬战斗精神去圆满履行军人的神圣职责。这似乎是一对矛盾，但是曲艺却以其特有的寓庄于谐的艺术风格，以其擅长的智慧、乐观审视生活的艺术视角，更以其充满革命乐观主义精神的表现手法，在生动展现当代军人特有的昂扬战斗风貌的同时，也在自身特有的寓庄于谐之中，融入了军旅艺术特有的崇高的艺术品格。如琴书歌《望北京》：

小时候就爱胡琢磨，
总觉着北京城应该在那东山坡。
毛主席就在那坡上坐，
管理着圆圆的太阳几大箩。
每天清早他就升起一个，
为咱老百姓取暖照亮儿晒被窝！
长大后手握钢枪上了哨所，
却看见群山如海波连波。
老兵说，哨所的山连着八达岭，
班长说，哨所的水连着金水河；
指导员说，就在那片霞光里，
天安门，国旗太阳共一色。
……

望北京，想北京，
咱就在北京的怀抱里，
想北京，望北京，
北京就在咱心窝！
站在哨所望北京，
心坎儿上，升起来一个大中国！

作品从“小时候”切入，以孩子的思维去想象神圣的北京天安门的方位和模样儿，充满天真的童趣。然而，“长大后手握钢枪上了哨所”，看到的却完全是另一番景象。尽管如此，最终还是从“老兵”“班长”和“指导员”那里了解到，哨所的山、哨所的水和北京是紧密相连的，明白了“北京就在咱心窝”，于是，站在哨所望北京，心坎儿上，就会“升起来一个大中国”，共和国战士的神圣感和自豪感便油然而生。幽默浪漫的短短数语，便将一个庄严的主题阐述了出来。

2007 年 6 月撰写于北京

——原载全军统编教材《军队基层文化工作》第七章